BEI GRIN MACHT SICH IHR WISSEN BEZAHLT

- Wir veröffentlichen Ihre Hausarbeit, Bachelor- und Masterarbeit

- Ihr eigenes eBook und Buch - weltweit in allen wichtigen Shops

- Verdienen Sie an jedem Verkauf

Jetzt bei www.GRIN.com hochladen und kostenlos publizieren

E. T. A. Hoffmann

Das Majorat

GRIN Verlag

Bibliografische Information der Deutschen Nationalbibliothek:

Die Deutsche Bibliothek verzeichnet diese Publikation in der Deutschen National-
bibliografie; detaillierte bibliografische Daten sind im Internet über http://dnb.d-
nb.de/ abrufbar.

Impressum:

Copyright © 2008 GRIN Verlag, Open Publishing GmbH
Druck und Bindung: Books on Demand GmbH, Norderstedt Germany
ISBN: 978-3-640-23117-1

Dieses Buch bei GRIN:

http://www.grin.com/de/e-book/119793/das-majorat

GRIN - Your knowledge has value

Der GRIN Verlag publiziert seit 1998 wissenschaftliche Arbeiten von Studenten, Hochschullehrern und anderen Akademikern als eBook und gedrucktes Buch. Die Verlagswebsite www.grin.com ist die ideale Plattform zur Veröffentlichung von Hausarbeiten, Abschlussarbeiten, wissenschaftlichen Aufsätzen, Dissertationen und Fachbüchern.

Besuchen Sie uns im Internet:

http://www.grin.com/

http://www.facebook.com/grincom

http://www.twitter.com/grin_com

Das Majorat - E. T. A. Hoffmann

erstmalig erschienen: 1817

Das Majorat

Dem Gestade der Ostsee unfern liegt das Stammschloß der Freiherrlich von R..schen Familie, R..sitten genannt. Die Gegend ist rauh und öde, kaum entsprießt hin und wieder ein Grashalm dem bodenlosen Triebsande, und statt des Gartens, wie er sonst das Herrenhaus zu zieren pflegt, schließt sich an die nackten Mauern nach der Landseite hin ein dürftiger Föhrenwald, dessen ewige, düstre Trauer den bunten Schmuck des Frühlings verschmäht und in dem statt des fröhlichen Jauchzens der zu neuer Lust erwachten Vögelein nur das schaurige Gekrächze der Raben, das schwirrende Kreischen der sturmverkündenden Möwen widerhallt. Eine Viertelstunde davon ändert sich plötzlich die Natur. Wie durch einen Zauberschlag ist man in blühende Felder, üppige Äcker und Wiesen versetzt. Man erblickt das große, reiche Dorf mit dem geräumigen Wohnhause des Wirtschaftsinspektors. An der Spitze eines freundlichen Erlenbusches sind die Fundamente eines großen Schlosses sichtbar, das einer der vormaligen Besitzer aufzubauen im Sinne hatte. Die Nachfolger, auf ihren Gütern in Kurland hausend, ließen den Bau liegen, und auch der Freiherr Roderich von R., der wiederum seinen Wohnsitz auf dem Stammgute nahm, mochte nicht weiterbauen, da seinem finstern, menschenscheuen Wesen der Aufenthalt in dem alten, einsam liegenden Schlosse zusagte. Er ließ das verfallene Gebäude, so gut es gehen wollte, herstellen und sperrte sich darin ein, mit einem grämlichen Hausverwalter und geringer Dienerschaft. Nur selten sah man ihn im Dorfe, dagegen ging und ritt er oft am Meeresstrande hin und her, und man wollte aus der Ferne bemerkt haben, wie er in die Wellen hineinsprach und dem Brausen und Zischen der Brandung zuhorchte, als vernehme er die antwortende Stimme des Meergeistes. Auf der höchsten Spitze des Wartturms hatte er ein Kabinett einrichten und mit Fernröhren – mit einem vollständigen astronomischen Apparat versehen lassen; da beobachtete er Tages, nach dem Meer hinausschauend, die Schiffe, die oft gleich weißbeschwingten Meervögeln am fernen Horizont vorüberflogen. Sternenhelle Nächte brachte er hin mit astronomischer oder, wie man wissen wollte, mit astrologischer Arbeit, worin ihm der alte Hausverwalter beistand. Überhaupt ging zu seinen Lebzeiten die Sage, daß er geheimer Wissenschaft, der sogenannten schwarzen Kunst, ergeben sei und daß eine verfehlte Operation, durch die ein hohes Fürstenhaus auf das empfindlichste gekränkt wurde, ihn aus Kurland vertrieben habe. Die leiseste Erinnerung an seinen dortigen Aufenthalt erfüllte ihn mit Entsetzen, aber alles sein Leben Verstörende, was ihm dort geschehen, schrieb er lediglich der Schuld der Vorfahren zu, die die Ahnenburg böslich verließen. Um für die Zukunft wenigstens das Haupt der Familie an das Stammhaus zu fesseln, bestimmte er es zu einem Majoratsbesitztum. Der Landesherr bestätigte die Stiftung um so lieber, als dadurch eine an ritterlicher Tugend reiche Familie, deren Zweige schon in das Ausland herüberrankten, für das Vaterland gewonnen werden sollte. Weder Roderichs Sohn Hubert noch der jetzige Majoratsherr, wie sein Großvater Roderich geheißen, mochte indessen in dem Stammschlosse hausen, beide blieben in Kurland. Man mußte glauben, daß sie, heitrer und lebenslustiger gesinnt als der düstre Ahnherr, die schaurige Öde des Aufenthaltes scheuten. Freiherr Roderich hatte zwei alten, unverheirateten Schwestern seines Vaters, die, mager ausgestattet, in Dürftigkeit lebten, Wohnung und Unterhalt auf dem Gute gestattet. Diese saßen mit einer bejahrten Dienerin in den kleinen warmen Zimmern des Nebenflügels, und außer ihnen und dem Koch, der im Erdgeschoß ein großes Gemach neben der Küche innehatte, wankte in den hohen Zimmern und Sälen des Hauptgebäudes nur noch ein abgelebter Jäger umher, der zugleich die Dienste des Kastellans versah. Die übrige Dienerschaft wohnte im Dorfe bei dem Wirtschaftsinspektor. Nur in später Herbstzeit, wenn der erste Schnee zu fallen begann und die Wolfs–, die Schweinsjagden aufgingen, wurde das öde, verlassene Schloß lebendig. Dann kam Freiherr Roderich mit seiner Gemahlin, begleitet von Verwandten, Freunden und zahlreichem Jagdgefolge, herüber aus Kurland. Der benachbarte Adel, ja selbst jagdlustige Freunde aus der naheliegenden Stadt fanden sich ein, kaum vermochten Hauptgebäude und Nebenflügel die zuströmenden Gäste zu fassen, in allen Öfen und Kaminen knisterten reichlich zugeschürte Feuer, vom grauen Morgen bis in die Nacht hinein schnurrten die Bratenwender, treppauf, treppab liefen hundert lustige Leute, Herren und Diener, dort erklangen angestoßene Pokale und fröhliche Jägerlieder, hier die Tritte der nach gellender Musik Tanzenden, überall lautes Jauchzen und

Gelächter, und so glich vier bis sechs Wochen hindurch das Schloß mehr einer prächtigen, an vielbefahrner Landstraße liegenden Herberge als der Wohnung des Gutsherrn. Freiherr Roderich widmete diese Zeit, so gut es sich nur tun ließ, ernstem Geschäfte, indem er, zurückgezogen aus dem Strudel der Gäste, die Pflichten des Majoratsherrn erfüllte. Nicht allein daß er sich vollständige Rechnung der Einkünfte legen ließ, so hörte er auch jeden Vorschlag irgendeiner Verbesserung sowie die kleinste Beschwerde seiner Untertanen an und suchte alles zu ordnen, jedem Unrechten oder Unbilligen zu steuern, wie er es nur vermochte. In diesen Geschäften stand ihm der alte Advokat V., von Vater auf Sohn vererbter Geschäftsträger des R..schen Hauses und Justitiarius der in P. liegenden Güter, redlich bei, und V. pflegte daher schon acht Tage vor der bestimmten Ankunft des Freiherrn nach dem Majoratsgute abzureisen. Im Jahre 179– war die Zeit gekommen, daß der alte V. nach R..sitten reisen sollte. So lebenskräftig der Greis von siebzig Jahren sich auch fühlte, mußte er doch glauben, daß eine hülfreiche Hand im Geschäft ihm wohltun werde. Wie im Scherz sagte er daher eines Tages zu mir: „Vetter!" (so nannte er mich, seinen Großneffen, da ich seinen Vornamen erhielt), „Vetter! – ich dächte, du ließest dir einmal etwas Seewind um die Ohren sausen und kämst mit mir nach R..sitten. Außer dem, daß du mir wacker beistehen kannst in meinem manchmal bösen Geschäft, so magst du dich auch einmal im wilden Jägerleben versuchen und zusehen, wie, nachdem du einen Morgen ein zierliches Protokoll geschrieben, du den andern solch trotzigem Tier, als da ist ein langbehaarter, greulicher Wolf oder ein zahnfletschender Eber, ins funkelnde Auge zu schauen oder gar es mit einem tüchtigen Büchsenschuß zu erlegen verstehest." Nicht so viel Seltsames von der lustigen Jagdzeit in R..sitten hätte ich schon hören, nicht so mit ganzer Seele dem herrlichen alten Großonkel anhängen müssen, um nicht hoch erfreut zu sein, daß er mich diesmal mitnehmen wolle. Schon ziemlich geübt in derlei Geschäften, wie er sie vorhatte, versprach ich, mit tapferm Fleiß ihm alle Mühe und Sorge abzunehmen. Andern Tags saßen wir, in tüchtige Pelze eingehüllt, im Wagen und fuhren durch dickes, den einbrechenden Winter verkündendes Schneegestöber nach R..sitten. – Unterwegs erzählte mir der Alte manches Wunderliche von dem Freiherrn Roderich, der das Majorat stiftete und ihn, seines Jünglingsalters ungeachtet, zu seinem

Justitiarius und Testamentsvollzieher ernannte. Er sprach von dem rauhen, wilden Wesen, das der alte Herr gehabt und das sich auf die ganze Familie zu vererben schiene, da selbst der jetzige Majoratsherr, den er als sanftmütigen, beinahe weichlichen Jüngling gekannt, von Jahr zu Jahr mehr davon ergriffen werde. Er schrieb mir vor, wie ich mich keck und unbefangen betragen müßte, um in des Freiherrn Augen was wert zu sein, und kam endlich auf die Wohnung im Schlosse, die er ein für allemal gewählt, da sie warm, bequem und so abgelegen sei, daß wir uns, wenn und wie wir wollten, dem tollen Getöse der jubilierenden Gesellschaft entziehen könnten. In zwei kleinen, mit warmen Tapeten behangenen Zimmern, dicht neben dem großen Gerichtssaal im Seitenflügel, dem gegenüber, wo die alten Fräuleins wohnten, da wäre ihm jedesmal seine Residenz bereitet. Endlich, nach schneller, aber beschwerlicher Fahrt, kamen wir in tiefer Nacht nach R..sitten. Wir fuhren durch das Dorf, es war gerade Sonntag, im Kruge Tanzmusik und fröhlicher Jubel, des Wirtschaftsinspektors Haus von unten bis oben erleuchtet, drinnen auch Musik und Gesang; desto schauerlicher wurde die Öde, in die wir nun hineinfuhren. Der Seewind heulte in schneidenden Jammertönen herüber, und als habe er sie aus tiefem Zauberschlaf geweckt, stöhnten die düstern Föhren ihm nach in dumpfer Klage. Die nackten schwarzen Mauern des Schlosses stiegen empor aus dem Schneegrunde, wir hielten an dem verschlossenen Tor. Aber da half kein Rufen, kein Peitschengeknalle, kein Hämmern und Pochen, es war, als sei alles ausgestorben, in keinem Fenster ein Licht sichtbar. Der Alte ließ seine starke dröhnende Stimme erschallen: „Franz – Franz! Wo steckt Ihr denn? Zum Teufel, rührt Euch! – Wir erfrieren hier am Tor! Der Schnee schmeißt einem ja das Gesicht blutrünstig – rührt Euch, zum Teufel." Da fing ein Hofhund zu winseln an, ein wandelndes Licht wurde im Erdgeschosse sichtbar, Schlüssel klapperten, und bald knarrten die gewichtigen Torflügel auf. „Ei, schön willkommen, schön willkommen, Herr Justitiarius, ei, in dem unsaubern Wetter!" So rief der alte Franz, indem er die Laterne hoch in die Hände hob, so daß das volle Licht auf sein verschrumpftes, zum freundlichen Lachen sonderbar verzogenes Gesicht fiel. Der Wagen fuhr in den Hof, wir stiegen aus, und nun gewahrte ich erst ganz des alten Bedienten seltsame, in eine altmodische, weite, mit vielen Schnüren wunderlich ausstaffierte Jägerlivrei gehüllte Gestalt. Über die breite weiße Stirn legten sich nur ein paar graue Löckchen, der untere Teil des Gesichts hatte die robuste Jägerfarbe, und unerachtet die verzogenen Muskeln das Gesicht zu einer beinahe abenteuerlichen Maske formten, söhnte doch die etwas dümmliche Gutmütigkeit, die aus den Augen leuchtete und um den Mund spielte, alles wieder aus. „Nun, alter Franz", fing der Großonkel an, indem er sich im Vorsaal den Schnee vom Pelze abklopfte, „nun, alter Franz, ist alles bereitet, sind die Tapeten in meinen Stuben abgestaubt, sind die Betten hineingetragen, ist gestern und heute tüchtig geheizt worden?" „Nein", erwiderte Franz sehr gelassen, „nein, mein wertester Herr Justitiarius, das ist alles nicht geschehen." „Herr Gott!" fuhr der Großonkel auf, „ich habe ja zeitig genug geschrieben, ich komme ja stets nach dem richtigen Datum; das ist ja eine Tölpelei, nun kann ich in eiskalten Zimmern hausen." – „Ja, wertester Herr Justitiarius", sprach Franz weiter, indem er sehr sorglich mit der Lichtschere von dem Docht einen glimmenden Räuber abschnippte und ihn mit dem Fuße austrat, „ja, sehn Sie, das alles, vorzüglich das Heizen, hätte nicht viel geholfen, denn der Wind und der Schnee, die hausen gar zu sehr hinein durch die zerbrochenen Fensterscheiben, und da –" – „Was", fiel der Großonkel ihm in die Rede, den Pelz weit auseinanderschlagend und beide Arme in die Seiten stemmend, „was, die Fenster sind zerbrochen, und Ihr, des Hauses Kastellan, habt nichts machen lassen?" – „Ja, wertester Herr Justitiarius", fuhr der Alte ruhig und gelassen fort, „man kann nur nicht recht hinzu wegen des vielen Schutts und der vielen Mauersteine, die in den Zimmern herumliegen." „Wo zum Tausendhimmelsapperment kommen Schutt und Steine in meine Zimmer?" schrie der Großonkel. „Zum beständigen fröhlichen Wohlsein, mein junger Herr!" rief der Alte, sich höflich bückend, da ich eben nieste, setzte aber gleich hinzu: „Es sind die Steine und der Kalk von der Mittelwand, die von der großen Erschütterung einfiel." – „Habt Ihr ein Erdbeben gehabt?" platzte der Großonkel zornig heraus. „Das nicht, wertester Herr Justitiarius", erwiderte der Alte, mit dem ganzen Gesicht lächelnd, „aber vor drei Tagen ist die schwere, getäfelte Decke des Gerichtssaals mit gewaltigem Krachen eingestürzt." – „So soll doch das –" – Der Großonkel wollte, heftig und aufbrausend, wie er war, einen schweren Fluch ausstoßen; aber indem er mit der Rechten in die Höhe fuhr und mit der Linken die Fuchsmütze von der Stirn rückte, hielt er plötzlich inne, wandte sich nach mir um und sprach, laut auflachend: „Wahrhaftig, Vetter! wir müssen das Maul halten, wir dürfen nicht weiterfragen, sonst erfahren wir noch ärgeres Unheil, oder das ganze Schloß stürzt uns über den Köpfen zusammen. Aber", fuhr er fort, sich nach dem Alten umdrehend, „aber, Franz, konntet Ihr denn nicht so gescheut sein, mir ein anderes Zimmer reinigen und heizen zu lassen? Konntet Ihr nicht irgendeinen Saal im Hauptgebäude schnell einrichten zum Gerichtstage?" – „Dieses ist auch bereits alles geschehen", sprach der Alte, indem er freundlich nach der Treppe wies und sofort hinaufzusteigen begann. „Nun seht mir doch den wunderlichen Kauz", rief der Onkel, indem wir dem Alten nachschritten. Es ging fort durch lange hochgewölbte Korridore, Franzens flackerndes Licht warf einen wunderlichen Schein in die dicke Finsternis. Säulen, Kapitäler und bunte Bogen zeigten sich oft wie in den Lüften schwebend, riesengroß schritten unsere Schatten neben uns her, und die seltsamen Gebilde an den Wänden, über die sie wegschlüpften, schienen zu zittern und zu schwanken, und ihre Stimmen wisperten in den dröhnenden Nachhall unserer Tritte hinein: „Weckt uns nicht, weckt uns nicht, uns tolles Zaubervolk, das hier in den alten Steinen schläft!" – Endlich öffnete Franz, nachdem wir eine Reihe kalter, finstrer Gemächer durchgangen, einen Saal, in dem ein hellaufloderndes Kaminfeuer uns mit seinem lustigen Knistern wie mit heimatlichem Gruß empfing. Mir wurde gleich, sowie ich eintrat, ganz wohl zumute, doch der Großonkel blieb mitten im Saal stehen, schaute ringsumher und sprach mit sehr ernstem, beinahe feierlichem Ton: „Also hier, dies soll der Gerichtssaal sein?" – Franz, in die Höhe leuchtend, so daß an der breiten dunklen Wand ein heller Fleck, wie eine Türe groß, ins Auge fiel, sprach dumpf und schmerzhaft: „Hier ist ja wohl schon Gericht gehalten worden!" – „Was kommt Euch ein, Alter?" rief der Onkel, indem er den Pelz schnell abwarf und an das Kaminfeuer trat. „Es fuhr mir nur so heraus", sprach Franz, zündete die Lichter an und öffnete das Nebenzimmer, welches zu unsrer Aufnahme ganz heimlich bereitet war. Nicht lange dauerte es, so stand ein gedeckter Tisch vor dem Kamin, der Alte trug wohlzubereitete Schüsseln auf, denen, wie es uns beiden, dem Großonkel und mir, recht behaglich war, eine tüchtige Schale nach echt nordischer Art gebrauten Punsches folgte. Ermüdet von der Reise, suchte der Großonkel, sowie er gegessen, das Bette; das Neue, Seltsame des Aufenthalts, ja selbst der Punsch, hatte aber meine Lebensgeister zu sehr aufgeregt, um an Schlaf zu denken. Franz räumte den Tisch ab, schürte das Kaminfeuer zu und verließ mich mit freundlichen Bücklingen.

Nun saß ich allein in dem hohen, weiten Rittersaal. Das Schneegestöber hatte zu schlackern, der Sturm zu sausen aufgehört, heitrer Himmel war's geworden, und der helle Vollmond strahlte durch die breiten Bogenfenster, alle finstre Ecken des wunderlichen Baues, wohin der düstere Schein meiner Kerzen und des Kaminfeuers nicht dringen konnte, magisch erleuchtend. So wie man es wohl noch in alten Schlössern antrifft, waren auf seltsame altertümliche Weise Wände und Decke des Saals verziert, diese mit schwerem Getäfel, jene mit phantastischer Bilderei und buntgemaltem, vergoldetem Schnitzwerk. Aus den großen Gemälden, mehrenteils das wilde Gewühl blutiger Bären- und Wolfsjagden darstellend, sprangen in Holz geschnitzte Tier- und Menschenköpfe hervor, den gemalten Leibern angesetzt, so daß, zumal bei der flackernden, schimmernden Beleuchtung des Feuers und des Mondes, das Ganze in graulicher Wahrheit lebte. Zwischen diesen Gemälden waren lebensgroße Bilder, in Jägertracht dahinschreitende Ritter, wahrscheinlich der jagdlustigen Ahnherren, eingefugt. Alles, Malerei und Schnitzwerk, trug die dunkle Farbe langverjährter Zeit; um so mehr fiel der helle kahle Fleck an derselben Wand, durch die zwei Türen in Nebengemächer führten, auf; bald erkannte ich, daß dort auch eine Tür gewesen sein müßte, die später zugemauert worden, und daß ebendies neue, nicht einmal der übrigen Wand gleich gemalte oder mit Schnitzwerk verzierte Gemäuer auf jene Art absteche. – Wer weiß es nicht, wie ein ungewöhnlicher, abenteuerlicher Aufenthalt mit geheimnisvoller Macht den Geist zu erfassen vermag, selbst die trägste Phantasie wird wach in dem von wunderlichen Felsen umschlossenen Tal, in den düstern Mauern einer Kirche oder sonst – und will sonst nie Erfahrnes ahnen. Setze ich nun noch hinzu, daß ich zwanzig Jahr alt war und mehrere Gläser starken Punsch getrunken hatte, so wird man es glauben, daß mir in meinem Rittersaal seltsamer zumute wurde als jemals. Man denke sich die Stille der Nacht, in der das dumpfe Brausen des Meers, das seltsame Pfeifen des Nachtwindes wie die Töne eines mächtigen, von Geistern gerührten

Orgelwerks erklangen – die vorüberfliegenden Wolken, die oft, hell und glänzend, wie vorbeistreifende Riesen durch die klirrenden Bogenfenster zu gucken schienen – in der Tat, ich mußt es in dem leisen Schauer fühlen, der mich durchbebte, daß ein fremdes Reich nun sichtbarlich und vernehmbar aufgehen könne. Doch dies Gefühl glich dem Frösteln, das man bei einer lebhaft dargestellten Gespenstergeschichte empfindet und das man so gern hat. Dabei fiel mir ein, daß in keiner günstigeren Stimmung das Buch zu lesen sei, das ich so wie damals jeder, der nur irgend dem Romantischen ergeben, in der Tasche trug. Es war Schillers „Geisterseher". Ich las und las und erhitzte meine Phantasie immer mehr und mehr. Ich kam zu der mit dem mächtigsten Zauber ergreifenden Erzählung von dem Hochzeitsfest bei dem Grafen von V. – Gerade wie Jeronimos blutige Gestalt eintritt, springt mit einem gewaltigen Schlage die Tür auf, die in den Vorsaal führt. – Entsetzt fahre ich in die Höhe, das Buch fällt mir aus den Händen. Aber in demselben Augenblick ist alles still, und ich schäme mich über mein kindliches Erschrecken! – Mag es sein, daß durch die durchströmende Zugluft oder auf andere Weise die Tür aufgesprengt wurde. – Es ist nichts – meine überreizte Phantasie bildet jede natürliche Erscheinung gespenstisch! – So beschwichtigt, nehme ich das Buch von der Erde auf und werfe mich wieder in den Lehnstuhl – da geht es leise und langsam mit abgemessenen Tritten quer über den Saal hin, und dazwischen seufzt und ächzt es, und in diesem Seufzen, diesem Ächzen liegt der Ausdruck des tiefsten menschlichen Leidens, des trostlosesten Jammers. – Ha! das ist irgendein eingesperrtes krankes Tier im untern Stock. Man kennt ja die akustische Täuschung der Nacht, die alles entfernt Tönende in die Nähe rückt – wer wird sich nur durch so etwas Grauen erregen lassen. – So beschwichtige ich mich aufs neue, aber nun kratzt es, indem lautere, tiefere Seufzer, wie in der entsetzlichen Angst der Todesnot ausgestoßen, sich hören lassen, an jenem neuen Gemäuer. Ja, es ist ein armes eingesperrtes Tier – ich werde jetzt laut rufen, ich werde mit dem Fuß tüchtig auf den Boden stampfen, gleich wird alles schweigen oder das Tier unten sich deutlicher in seinen natürlichen Tönen hören lassen! – So denke ich, aber das Blut gerinnt in meinen Adern – kalter Schweiß steht auf der Stirn, erstarrt bleib ich im Lehnstuhle sitzen, nicht vermögend aufzustehen, viel weniger noch zu rufen. Das abscheuliche Kratzen hört endlich auf – die Tritte lassen sich aufs neue vernehmen – es ist, als wenn Leben und Regung in mir erwachte, ich springe auf und trete zwei Schritte vor, aber da streicht eine eiskalte Zugluft durch den Saal, und in demselben Augenblick wirft der Mond sein helles Licht auf das Bildnis eines sehr ernsten, beinahe schauerlich anzusehenden Mannes, und als säusle seine warnende Stimme durch das stärkere Brausen der Meereswellen, durch das gellendere Pfeifen des Nachtwindes, höre ich deutlich: „Nicht weiter – nicht weiter, sonst bist du verfallen dem entsetzlichen Graus der Geisterwelt!" Nun fällt die Tür zu mit demselben starken Schlage wie zuvor, ich höre die Tritte deutlich auf dem Vorsaal – es geht die Treppe hinab – die Haupttür des Schlosses öffnet sich rasselnd und wird wieder verschlossen. Dann ist es, als würde ein Pferd aus dem Stalle gezogen und nach einer Weile wieder in den Stall zurückgeführt – dann ist alles still! In demselben Augenblick vernahm ich, wie der alte Großonkel im Nebengemach ängstlich seufzte und stöhnte, dies gab mir alle Besinnung wieder, ich ergriff die Leuchter und eilte hinein. Der Alte schien mit einem bösen, schweren Traume zu kämpfen. „Erwachen Sie – erwachen Sie", rief ich laut, indem ich ihn sanft bei der Hand faßte und den hellen Kerzenschein auf sein Gesicht fallen ließ. Der Alte fuhr auf mit einem dumpfen Ruf, dann schaute er mich mit freundlichen Augen an und sprach: „Das hast du gut gemacht, Vetter! daß du mich wecktest. Ei, ich hatte einen sehr häßlichen Traum, und daran ist bloß hier das Gemach und der Saal schuld, denn ich mußte dabei an die vergangene Zeit und an manches Verwunderliche denken, was hier sich begab. Aber nun wollen wir recht tüchtig ausschlafen!" Damit hüllte sich der Alte in die Decke und schien sofort einzuschlafen. Als ich die Kerzen ausgelöscht und mich auch ins Bette gelegt hatte, vernahm ich, daß der Alte leise betete. – Am andern Morgen ging die Arbeit los, der Wirtschaftsinspektor kam mit den Rechnungen, und Leute meldeten sich, die irgendeinen Streit geschlichtet, irgendeine Angelegenheit geordnet haben wollten. Mittags ging der Großonkel mit mir herüber in den Seitenflügel, um den beiden alten Baronessen in aller Form aufzuwarten. Franz meldete uns, wir mußten einige Augenblicke warten und wurden dann durch ein sechzigjähriges gebeugtes, in bunte Seide gekleidetes Mütterchen, die sich das Kammerfräulein der gnädigen Herrschaft nannte, in das Heiligtum geführt. Da empfingen uns die alten, nach längst verjährter Mode abenteuerlich geputzten Damen mit komischem Zeremoniell, und vorzüglich war ich ein Gegenstand ihrer Verwunderung, als der Großonkel mich mit vieler Laune als einen jungen, ihm beistehenden Justizmann vorstellte. In ihren Mienen lag es, daß sie bei meiner Jugend das Wohl der R..sittenschen Untertanen gefährdet glaubten. Der ganze Auftritt bei den alten Damen hatte überhaupt viel Lächerliches, die Schauer der vergangenen Nacht fröstelten aber noch in meinem Innern, ich fühlte mich wie von einer unbekannten Macht berührt, oder es war mir vielmehr, als habe ich schon an den Kreis gestreift, den zu überschreiten und rettungslos unterzugehen es nur noch eines Schritts bedürfte, als könne nur das Aufbieten aller mir inwohnenden Kraft mich gegen *das* Entsetzen schützen, das nur dem unheilbaren Wahnsinn zu weichen pflegt. So kam es, daß selbst die alten Baronessen in ihren seltsamen hochaufgetürmten Frisuren, in ihren wunderlichen stoffnen, mit bunten Blumen und Bändern ausstaffierten Kleidern mir, statt lächerlich, ganz graulich und gespenstisch erschienen. In den alten gelbverschrumpften Gesichtern, in den blinzenden Augen wollt ich es lesen, in dem schlechten Französisch, das halb durch die eingekniffenen blauen Lippen, halb durch die spitzen Nasen herausschnarrte, wollt ich es hören, wie sich die Alten mit den unheimlichen, im Schlosse herumspukenden Wesen wenigstens auf guten Fuß gesetzt hätten und auch wohl selbst Verstörendes und Entsetzliches zu treiben vermochten. Der Großonkel, zu allem Lustigen aufgelegt, verstrickte mit seiner Ironie die Alten in ein solches tolles Gewäsche, daß ich in anderer Stimmung nicht gewußt hätte, wie das ausgelassenste Gelächter in mich hineinschlucken, aber, wie gesagt, die Baronessen samt ihrem Geplapper waren und blieben gespenstisch, und der Alte, der mir eine besondere Lust bereiten wollte, blickte mich ein Mal übers andere ganz verwundert an. Sowie wir nach Tische in unserm Zimmer allein waren, brach er los: „Aber, Vetter, sag mir um des Himmels willen, was ist dir? – Du lachst nicht, du sprichst nicht, du issest nicht, du trinkst nicht? – Bist du krank? oder fehlt es sonst woran?" – Ich nahm jetzt gar keinen Anstand, ihm alles Grauliche, Entsetzliche, was ich in voriger Nacht überstanden, ganz ausführlich zu erzählen. Nichts verschwieg ich, vorzüglich auch nicht, daß ich viel Punsch getrunken und in Schillers „Geisterseher" gelesen. „Bekennen muß ich dies", setzte ich hinzu, „denn so wird es glaublich, daß meine überreizte arbeitende Phantasie all die Erscheinungen schuf, die nur innerhalb den Wänden meines Gehirns existierten." Ich glaubte, daß nun der Großonkel mir derb zusetzen würde mit körnichten Späßen über meine Geisterseherei, statt dessen wurde er sehr ernsthaft, starrte in den Boden hinein, warf dann den Kopf schnell in die Höhe und sprach, mich mit dem brennenden Blick seiner Augen anschauend: „Ich kenne dein Buch nicht, Vetter! aber weder seinem noch dem Geist des Punsches hast du jenen Geisterspuk zu verdanken. Wisse, daß ich dasselbe, was dir widerfuhr, träumte. Ich saß, so wie du (so kam es mir vor), im Lehnstuhl bei dem Kamin, aber was sich dir nur in Tönen kundgetan, das sah ich, mit dem innern Auge es deutlich erfassend. Ja! ich erblickte den graulichen Unhold, wie er hereintrat, wie er kraftlos an die vermauerte Tür schlich, wie er in trostloser Verzweiflung an der Wand kratzte, daß das Blut unter den zerrissenen Nägeln herausquoll, wie er dann hinabstieg, das Pferd aus dem Stalle zog und in den Stall zurückbrachte. Hast du es gehört, wie der Hahn im fernen Gehöfte des Dorfes krähte? – Da wecktest du mich, und ich widerstand bald dem bösen Spuk des entsetzlichen Menchen, der noch vermag, das heitre Leben grauenhaft zu verstören." Der Alte hielt inne, aber ich mochte nicht fragen, wohlbedenkend, daß er mir alles aufklären werde, wenn er es geraten finden sollte. Nach einer Weile, in der er, tief in sich gekehrt, dagesessen, fuhr der Alte fort: „Vetter, hast du Mut genug, jetzt, nachdem du weißt, wie sich alles begibt, den Spuk noch einmal zu bestehen? und zwar mit mir zusammen?" Es war natürlich, daß ich erklärte, wie ich mich jetzt dazu ganz entkräftigt fühle. „So wollen wir", sprach der Alte weiter, „in künftiger Nacht zusammen wachen. Eine innere Stimme sagt mir, daß meiner geistigen Gewalt nicht sowohl als meinem Mute, der sich auf festes Vertrauen gründet, der böse Spuk weichen muß und daß es kein freveliches Beginnen, sondern ein frommes, tapferes Werk ist, wenn ich Leib und Leben daran wage, den bösen Unhold zu bannen, der hier die Söhne aus der Stammburg der Ahnherrn treibt. – Doch! von keiner Wagnis ist ja die Rede, denn in solch festem redlichen Sinn, in solch frommen Vertrauen, wie es in mir lebt, ist und bleibt man ein siegreicher Held. – Aber sollt es dennoch Gottes Wille sein, daß die böse Macht mich anzutasten vermag, so sollst du, Vetter! es verkünden, daß ich im redlichen christlichen

Kampf mit dem Höllengeist, der hier sein verstörendes Wesen treibt, unterlag! – Du! – halt dich ferne! – dir wird dann nichts geschehen!"

Unter mancherlei zerstreuenden Geschäften war der Abend herangekommen. Franz hatte, wie gestern, das Abendessen abgeräumt und uns Punsch gebracht, der Vollmond schien hell durch die glänzenden Wolken, die Meereswellen brausten, und der Nachtwind heulte und schüttelte die klirrenden Scheiben der Bogenfenster. Wir zwangen uns, im Innern aufgeregt, zu gleichgültigen Gesprächen. Der Alte hatte seine Schlaguhr auf den Tisch gelegt. Sie schlug zwölfe. Da sprang mit entsetzlichem Krachen die Tür auf, und wie gestern schwebten leise und langsam Tritte quer durch den Saal, und das Ächzen und Seufzen ließ sich vernehmen. Der Alte war verblaßt, aber seine Augen erstrahlten in ungewöhnlichem Feuer, er erhob sich vom Lehnstuhl, und indem er in seiner großen Gestalt, hochaufgerichtet, den linken Arm in die Seite gestemmt, den rechten weit vorstreckend nach der Mitte des Saals, dastand, war er anzusehen wie ein gebietender Held. Doch immer stärker und vernehmlicher wurde das Seufzen und Ächzen, und nun fing es an, abscheulicher als gestern an der Wand hin und her zu kratzen. Da schritt der Alte vorwärts, gerade auf die zugemauerte Tür los, mit festen Tritten, daß der Fußboden erdröhnte. Dicht vor der Stelle, wo es toller und toller kratzte, stand er still und sprach mit starkem, feierlichem Ton, wie ich ihn nie gehört: „Daniel, Daniel! was machst du hier zu dieser Stunde!" Da kreischte es auf grauenvoll und entsetzlich, und ein dumpfer Schlag geschah, wie wenn eine Last zu Boden stürzte. „Suche Gnade und Erbarmen vor dem Thron des Höchsten, dort ist dein Platz! Fort mit dir aus dem Leben, dem du niemals mehr angehören kannst!" – So rief der Alte noch gewaltiger als vorher, es war, als ginge ein leises Gewimmer durch die Lüfte und ersterbe im Sausen des Sturms, der sich zu erheben begann. Da schritt der Alte nach der Tür und warf sie zu, daß es laut durch den öden Vorsaal widerhallte. In seiner Sprache, in seinen Gebärden lag etwas Übermenschliches, das mich mit tiefem Schauer erfüllte. Als er sich in den Lehnstuhl setzte, war sein Blick wie verklärt, er faltete seine Hände, er betete im Innern. So mochten einige Minuten vergangen sein, da frug er mit der milden, tief in das Herz dringenden Stimme, die er so sehr in seiner Macht hatte: „Nun, Vetter?" Von

Schauer – Entsetzen – Angst – heiliger Ehrfurcht und Liebe durchbebt, stürzte ich auf die Knie und benetzte die mir dargebotene Hand mit heißen Tränen. Der Alte schloß mich in seine Arme, und indem er mich innig an sein Herz drückte, sprach er sehr weich: „Nun wollen wir auch recht sanft schlafen, lieber Vetter!" – Es geschah auch so, und als sich in der folgenden Nacht durchaus nichts Unheimliches verspüren ließ, gewannen wir die alte Heiterkeit wieder, zum Nachteil der alten Baronessen, die, blieben sie auch in der Tat ein wenig gespenstisch, mit ihrem abenteuerlichen Wesen, doch nur ergötzlichen Spuk trieben, den der Alte auf possierliche Weise anzuregen wußte.

Endlich, nach mehreren Tagen, traf der Baron ein mit seiner Gemahlin und zahlreichem Jagdgefolge, die geladenen Gäste sammelten sich, und nun ging in dem plötzlich lebendig gewordenen Schlosse das laute wilde Treiben los, wie es vorhin beschrieben. Als der Baron gleich nach seiner Ankunft in unsern Saal trat, schien er über unsern veränderten Aufenthalt auf seltsame Weise befremdet, er warf einen düstern Blick auf die zugemauerte Tür, und schnell sich abwendend, fuhr er mit der Hand über die Stirn, als wolle er irgendeine böse Erinnerung verscheuchen. Der Großonkel sprach von der Verwüstung des Gerichtssaals und der anstoßenden Gemächer, der Baron tadelte es, daß Franz uns nicht besser einlogiert habe, und forderte den Alten recht gemütlich auf, doch nur zu gebieten, wenn ihm irgend etwas in dem neuen Gemach, das doch viel schlechter sei als das, was er sonst bewohnt, an seiner Bequemlichkeit abginge. Überhaupt war das Betragen des Barons gegen den alten Großonkel nicht allein herzlich, sondern ihm mischte sich eine gewisse kindliche Ehrfurcht bei, als stehe der Baron mit dem Alten in verwandtschaftlichem Respektsverhältnis. Dies war aber auch das einzige, was mich mit dem rauhen, gebieterischen Wesen des Barons, das er immer mehr und mehr entwickelte, einigermaßen zu versöhnen vermochte. Mich schien er wenig oder gar nicht zu beachten, er sah in mir den gewöhnlichen Schreiber. Gleich das erste Mal, als ich eine Verhandlung aufgenommen, wollte er etwas in der Fassung unrichtig finden, das Blut wallte mir auf, und ich war im Begriff, irgend etwas Schneidendes zu erwidern, als der Großonkel, das Wort nehmend, versicherte, daß *ich* denn nun einmal alles recht nach seinem Sinne mache und daß dieser doch nur hier in gerichtlicher Verhandlung walten könne. Als wir allein waren, beschwerte ich mich bitter über den Baron, der mir immer mehr im Grunde der Seele zuwider werde. „Glaube mir, Vetter!" erwiderte der Alte, „daß der Baron trotz seines unfreundlichen Wesens der vortrefflichste, gutmütigste Mensch von der Welt ist. Dieses Wesen hat er auch, wie ich dir schon sagte, erst seit der Zeit angenommen, als er Majoratsherr wurde, vorher war er ein sanfter, bescheidener Jüngling. Überhaupt ist es denn doch aber nicht mit ihm so arg, wie du es machst, und ich möchte wohl wissen, warum er dir so gar sehr zuwider ist." Indem der Alte die letzten Worte sprach, lächelte er recht höhnisch, und das Blut stieg mir siedend heiß ins Gesicht. Mußte mir nun nicht mein Innres recht klarwerden, mußte ich es nicht deutlich fühlen, daß jenes wunderliche Hassen aufkeimte aus dem Lieben oder vielmehr aus dem Verlieben in ein Wesen, das mir das holdeste, hochherrlichste zu sein schien, was jemals auf Erden gewandelt? Dieses Wesen war niemand als die Baronesse selbst. Schon gleich als sie angekommen und in einem russischen Zobelpelz, der knapp anschloß an den zierlich gebauten Leib, das Haupt in reiche Schleier gewickelt, durch die Gemächer schritt, wirkte ihre Erscheinung auf mich wie ein mächtiger unwiderstehlicher Zauber. Ja, selbst der Umstand, daß die alten Tanten in verwunderlicheren Kleidern und Fontangen, als ich sie noch gesehen, an beiden Seiten neben ihr her trippelten und ihre französischen Bewillkommnungen herschnatterten, während sie, die Baronin, mit unbeschreiblich milden Blicken um sich her schaute und bald diesem, bald jenem freundlich zunickte, bald in dem rein tönenden kurländischen Dialekt einige deutsche Worte dazwischenflötete, schon dieses gab ein wunderbar fremdartiges Bild, und unwillkürlich reihte die Phantasie dies Bild an jenen unheimlichen Spuk, und die Baronesse wurde der Engel des Lichts, dem sich die bösen gespenstischen Mächte beugen. – Die wunderherrliche Frau tritt lebhaft vor meines Geistes Augen. Sie mochte wohl damals kaum neunzehn Jahre zählen, ihr Gesicht, ebenso zart wie ihr Wuchs, trug den Ausdruck der höchsten Engelsgüte, vorzüglich lag aber in dem Blick der dunklen Augen ein unbeschreiblicher Zauber, wie feuchter Mondesstrahl ging darin eine schwermütige Sehnsucht auf, so wie in ihrem holdseligen Lächeln ein ganzer Himmel voll Wonne und Entzücken. Oft schien sie ganz in sich selbst verloren, und dann gingen düstre Wolkenschatten über ihr holdes Antlitz. Man hätte glauben sollen, irgendein

16

verstörender Schmerz müsse sie befangen, mir schien es aber, daß wohl die düstere Ahnung einer trüben, unglücksschwangeren Zukunft es sei, von der sie in solchen Augenblicken erfaßt werde, und auch damit setzte ich auf seltsame Weise, die ich mir weiter gar nicht zu erklären wußte, den Spuk im Schlosse in Verbindung. – Den andern Morgen, nachdem der Baron angekommen, versammelte sich die Gesellschaft zum Frühstück, der Alte stellte mich der Baronesse vor, und wie es in solcher Stimmung, wie die meinige war, zu geschehen pflegt, ich nahm mich unbeschreiblich albern, indem ich auf die einfachen Fragen der holden Frau, wie es mir auf dem Schlosse gefalle und sonst, mich in die wunderlichsten sinnlosesten Reden verfing, so daß die alten Tanten meine Verlegenheit wohl lediglich dem profunden Respekt vor der Herrin zuschrieben, sich meiner huldreich annehmen zu müssen glaubten und mich in französischer Sprache als einen ganz artigen und geschickten jungen Menschen, als einen garçon très joli anpriesen. Das ärgerte mich, und plötzlich mich ganz beherrschend, fuhr mir ein Witzwort heraus in besserem Französisch, als die Alten es sprachen, worauf sie mich mit großen Augen anguckten und die langen spitzen Nasen reichlich mit Tabak bedienten. An dem ernsteren Blick der Baronesse, mit dem sie sich von mir ab zu einer anderen Dame wandte, merkte ich, daß mein Witzwort hart an eine Narrheit streifte, das ärgerte mich noch mehr, und ich verwünschte die Alten in den Abgrund der Hölle. Die Zeit des schäferischen Schmachtens, des Liebesunglücks in kindischer Selbstbetörung hatte in mir der alte Großonkel längst wegironiert, und wohl merkt ich, daß die Baronin tiefer und mächtiger als noch bis jetzt eine Frau mich in meinem innersten Gemüt gefaßt hatte. Ich sah, ich hörte nur sie, aber bewußt war ich mir deutlich und bestimmt, daß es abgeschmackt, ja wahnsinnig sein würde, irgendeine Liebelei zu wagen, wiewohl ich auch die Unmöglichkeit einsah, wie ein verliebter Knabe von weitem zu staunen und anzubeten, dessen ich mich selbst hätte schämen müssen. Der herrlichen Frau näherzutreten, ohne ihr nur mein inneres Gefühl ahnen zu lassen, das süße Gift ihrer Blicke, ihrer Worte einsaugen und dann, fern von ihr, sie lange, vielleicht immerdar im Herzen tragen, das wollte und konnte ich. Diese romantische, ja wohl ritterliche Liebe, wie sie mir aufging in schlafloser Nacht, spannte mich dermaßen, daß ich kindisch genug war, mich selbst auf pathetische Weise zu haranguieren und zuletzt sehr kläglich zu

seufzen: „Seraphine, ach Seraphine!" so daß der Alte erwachte und mir zurief: „Vetter! –
Vetter! ich glaube, du phantasierst mit lauter Stimme! Tu's bei Tage, wenn's möglich ist,
aber zur Nachtzeit laß mich schlafen!" Ich war nicht wenig besorgt, daß der Alte, der
schon mein aufgeregtes Wesen bei der Ankunft der Baronin wohl bemerkt, den Namen
gehört haben und mich mit seinem sarkastischen Spott überschütten werde, er sagte am
andern Morgen aber nichts weiter als, bei dem Hineingehen in den Gerichtssaal: „Gott
gebe jedem gehörigen Menschenverstand und Sorglichkeit, ihn in gutem Verschluß zu
halten. Es ist schlimm, mir nichts, dir nichts sich in einen Hasenfuß umzusetzen."
Hierauf nahm er Platz an dem großen Tisch und sprach: „Schreibe fein deutlich, lieber
Vetter! damit ich's ohne Anstoß zu lesen vermag."

Die Hochachtung, ja die kindliche Ehrfurcht, die der Baron meinem alten
Großonkel erzeigte, sprach sich in allem aus. So mußte er auch bei Tische den ihm von
vielen beneideten Platz neben der Baronesse einnehmen, mich warf der Zufall bald
hier–, bald dorthin, doch pflegten gewöhnlich ein paar Offiziere aus der nahen
Hauptstadt mich in Beschlag zu nehmen, um sich über alles Neue und Lustige, was dort
geschehen, recht auszusprechen und dabei wacker zu trinken. So kam es, daß ich
mehrere Tage hindurch, ganz fern von der Baronesse, am untern Ende des Tisches saß,
bis mich endlich ein Zufall in ihre Nähe brachte. Als der versammelten Gesellschaft der
Eßsaal geöffnet wurde, hatte mich gerade die Gesellschafterin der Baronin, ein nicht
mehr ganz junges Fräulein, aber sonst nicht häßlich und nicht ohne Geist, in ein
Gespräch verwickelt, das ihr zu behagen schien. Der Sitte gemäß mußte ich ihr den Arm
geben, und nicht wenig erfreut war ich, als sie der Baronin ganz nahe Platz nahm, die ihr
freundlich zunickte. Man kann denken, daß nun alle Worte, die ich sprach, nicht mehr
der Nachbarin allein, sondern hauptsächlich der Baronin galten. Mag es sein, daß meine
innere Spannung allem, was ich sprach, einen besondern Schwung gab, genug, das
Fräulein wurde aufmerksamer und aufmerksamer, ja zuletzt unwiderstehlich
hineingezogen in die bunte Welt stets wechselnder Bilder, die ich ihr aufgehen ließ. Sie
war, wie gesagt, nicht ohne Geist, und so geschah es bald, daß unser Gespräch, ganz
unabhängig von den vielen Worten der Gäste, die hin und her streiften, auf seine eigene

18

Hand lebte und dorthin, wohin ich es haben wollte, einige Blitze sandte. Wohl merkt ich nämlich, daß das Fräulein der Baronin bedeutende Blicke zuwarf und daß diese sich mühte, uns zu hören. Vorzüglich war dies der Fall, als ich, da das Gespräch sich auf Musik gewandt, mit voller Begeisterung von der herrlichen, heiligen Kunst sprach und zuletzt nicht verhehlte, daß ich, trockner, langweiliger Juristerei, der ich mich ergeben, unerachtet, den Flügel mit ziemlicher Fertigkeit spiele, singe und auch wohl schon manches Lied gesetzt habe. Man war in den andern Saal getreten, um Kaffee und Liköre zu nehmen, da stand ich unversehens, selbst wußte ich nicht wie, vor der Baronin, die mit dem Fräulein gesprochen. Sie redete mich sogleich an, indem sie, doch freundlicher und in dem Ton, wie man mit einem Bekannten spricht, jene Fragen, wie mir der Aufenthalt im Schlosse zusage und sonst, wiederholte. Ich versicherte, daß in den ersten Tagen die schauerliche Öde der Umgebung, ja selbst das altertümliche Schloß mich seltsam gestimmt habe, daß aber eben in dieser Stimmung viel Herrliches aufgegangen und daß ich nur wünsche, der wilden Jagden, an die ich nicht gewöhnt, überhoben zu sein. Die Baronin lächelte, indem sie sprach: „Wohl kann ich's mir denken, daß Ihnen das wüste Treiben in unsern Föhrenwäldern nicht eben behaglich sein kann. – Sie sind Musiker und, täuscht mich nicht alles, gewiß auch Dichter! – Mit Leidenschaft liebe ich beide Künste! – ich spiele selbst etwas die Harfe, das muß ich nun in R..sitten entbehren, denn mein Mann mag es nicht, daß ich das Instrument mitnehme, dessen sanftes Getön schlecht sich schicken würde zu dem wilden Halloh, zu dem gellenden Hörnergetöse der Jagd, das sich hier nur hören lassen soll! – O mein Gott! wie würde mich hier Musik erfreun!" Ich versicherte, daß ich meine ganze Kunst aufbieten werde, ihren Wunsch zu erfüllen, daß es doch im Schlosse unbezweifelt ein Instrument, sei es auch nur ein alter Flügel, geben werde. Da lachte aber Fräulein Adelheid (der Baronin Gesellschafterin) hell auf und frug, ob ich denn nicht wisse, daß seit Menschengedenken im Schlosse keine andern Instrumente gehört worden als krächzende Trompeten, im Jubel lamentierende Hörner der Jäger und heisere Geigen, verstimmte Bässe, meckernde Hoboen herumziehender Musikanten. Die Baronin hielt den Wunsch, Musik, und zwar mich, zu hören, fest, und beide, sie und Adelheid, erschöpften sich in Vorschlägen, wie ein leidliches Fortepiano herbeigeschafft werden könne. In dem Augenblick schritt der

19

alte Franz durch den Saal. „Da haben wir den, der für alles guten Rat weiß, der alles herbeischafft, selbst das Unerhörte und Ungesehene!" Mit diesen Worten rief ihn Fräulein Adelheid heran, und indem sie ihm begreiflich machte, worauf es ankomme, horchte die Baronin mit gefalteten Händen, mit vorwärts gebeugtem Haupt, dem Alten mit mildem Lächeln ins Auge blickend, zu. Gar anmutig war sie anzusehen, wie ein holdes, liebliches Kind, das ein ersehntes Spielzeug nur gar zu gern schon in Händen hätte. Franz, nachdem er in seiner weitläufigen Manier mehrere Ursachen hergezählt hatte, warum es denn schier unmöglich sei, in der Geschwindigkeit solch ein rares Instrument herbeizuschaffen, strich sich endlich mit behaglichem Schmunzeln den Bart und sprach: „Aber die Frau Wirtschaftsinspektorin drüben im Dorfe schlägt ganz ungemein geschickt das Klavizimbel, oder wie sie es jetzt nennen mit dem ausländischen Namen, und singt dazu so fein und lamentabel, daß einem die Augen rot werden wie von Zwiebeln und man hüpfen möchte mit beiden Beinen –" – „Und besitzt ein Fortepiano!" fiel Fräulein Adelheid ihm in die Rede. „Ei freilich", fuhr der Alte fort, „direkt aus Dresden ist es gekommen – ein –" – „O das ist herrlich", unterbrach ihn die Baronin. – „ein schönes Instrument", sprach der Alte weiter, „aber ein wenig schwächlich, denn als der Organist neulich das Lied: ,In allen meinen Taten' darauf spielen wollte, schlug er alles in Grund und Boden, so daß–" – „O mein Gott", riefen beide, die Baronin und Fräulein Adelheid. – „So daß", fuhr der Alte fort, „es mit schweren Kosten nach R... geschafft und dort repariert werden mußte." „Ist es denn nun wieder hier?" frug Fräulein Adelheid ungeduldig. „Ei freilich, gnädiges Fräulein! und die Frau Wirtschaftsinspektorin wird es sich zur Ehre rechnen – " In diesem Augenblick streifte der Baron vorüber, er sah sich wie befremdet nach unserer Gruppe um und flüsterte spöttisch lächelnd der Baronin zu: „Muß Franz wieder guten Rat erteilen?" Die Baronin schlug errötend die Augen nieder, und der alte Franz stand, erschrocken abbrechend, den Kopf gerade gerichtet, die herabhängenden Arme dicht an den Leib gedrückt, in soldatischer Stellung da. – Die alten Tanten schwammen in ihren stoffnen Kleidern auf uns zu und entführten die Baronin. Ihr folgte Fräulein Adelheid. Ich war wie bezaubert stehengeblieben. Entzücken, daß ich nun ihr, der Angebeteten, die mein ganzes Wesen beherrschte, mich nahen werde, kämpfte mit düsterm Mißmut und Ärger über den Baron, der mir als ein rauher Despot erschien. War er dies nicht, durfte dann wohl der alte eisgraue Diener so sklavisch sich benehmen? – „Hörst du, siehst du endlich?" rief der Großonkel, mir auf die Schulter klopfend; wir gingen hinauf in unser Gemach. „Dränge dich nicht so an die Baronin", sprach er, als wir angekommen, „wozu soll das, überlaß es den jungen Gecken, die gern den Hof machen und an denen es ja nicht mangelt." – Ich erzählte, wie alles gekommen, und forderte ihn auf, mir nun zu sagen, ob ich seinen Vorwurf verdiene, er erwiderte aber darauf nichts als: „Hm, hm" – zog den Schlafrock an, setzte sich mit angezündeter Pfeife in den Lehnstuhl und sprach von den Ereignissen der gestrigen Jagd, mich foppend über meine Fehlschüsse. Im Schlosse war es still geworden, Herren und Damen beschäftigten sich in ihren Zimmern mit dem Putz für die Nacht. Jene Musikanten mit den heisern Geigen, mit den verstimmten Bässen und den meckernden Hoboen, von denen Fräulein Adelheid gesprochen, waren nämlich angekommen, und es sollte für die Nacht nichts Geringeres geben als einen Ball in bestmöglicher Form. Der Alte, den ruhigen Schlaf solch faselndem Treiben vorziehend, blieb in seinem Gemach, ich hingegen hatte mich eben zum Ball gekleidet, als es leise an unsere Tür klopfte und Franz hineintrat, der mir mit behaglichem Lächeln verkündete, daß soeben das Klavizimbel von der Frau Wirtschaftsinspektorin in einem Schlitten angekommen und zur gnädigen Frau Baronin getragen worden sei. Fräulein Adelheid ließe mich einladen, nur gleich herüberzukommen. Man kann denken, wie mir alle Pulse schlugen, mit welchem innern süßen Erbeben ich das Zimmer öffnete, in dem ich *sie* fand. Fräulein Adelheid kam mir freudig entgegen. Die Baronin, schon zum Ball völlig geputzt, saß ganz nachdenklich vor dem geheimnisvollen Kasten, in dem die Töne schlummern sollten, die zu wecken ich berufen. Sie stand auf, so in vollem Glanz der Schönheit strahlend, daß ich, keines Wortes mächtig, sie anstarrte. „Nun, Theodor" (nach der gemütlichen Sitte des Nordens, die man im tieferen Süden wiederfindet, nannte sie jeden bei seinem Vornamen), „nun, Theodor", sprach sie freundlich, „das Instrument ist gekommen, gebe der Himmel, daß es Ihrer Kunst nicht ganz unwürdig sein möge." Sowie ich den Deckel öffnete, rauschten mir eine Menge gesprungener Saiten entgegen, und sowie ich einen Akkord griff, klang es, da alle Saiten, die noch ganz geblieben, durchaus verstimmt waren, widrig und abscheulich. „Der Organist ist wieder mit seinen zarten Händchen drüber her gewesen", rief Fräulein Adelheid lachend, aber die Baronin sprach ganz mißmutig: „Das ist denn doch ein rechtes Unglück! – ach, ich soll denn hier nun einmal keine Freude haben!" – Ich suchte in dem Behälter des Instruments und fand glücklicherweise einige Rollen Saiten, aber durchaus keinen Stimmhammer! – Neue Klagen! – jeder Schlüssel, dessen Bart in die Wirbel passe, könne gebraucht werden, erklärte ich; da liefen beide, die Baronin und Fräulein Adelheid, freudig hin und wieder, und nicht lange dauerte es, so lag ein ganzes Magazin blanker Schlüsselchen vor mir auf dem Resonanzboden.

Nun machte ich mich emsig drüber her – Fräulein Adelheid, die Baronin selbst mühte sich, mir beizustehen, diesen – jenen Wirbel probierend –. Da zieht einer den trägen Schlüssel an. „Es geht, es geht!" riefen sie freudig –. Da rauscht die Saite, die sich schier bis zur Reinheit herangeächzt, gesprungen auf, und erschrocken fahren sie zurück! – Die Baronin hantiert mit den kleinen zarten Händchen in den spröden Drahtsaiten, sie reicht mir die Nummern, die ich verlange, und hält sorgsam die Rolle, die ich abwickle; plötzlich schnurrt eine auf, so daß die Baronin ein ungeduldiges „Ach!" ausstößt. – Fräulein Adelheid lacht laut auf, ich verfolge den verwirrten Knäuel bis in die Ecke des Zimmers, und wir alle suchen aus ihm noch eine gerade unzerknickte Saite herauszuziehen, die dann, aufgezogen, zu unserm Leidwesen wieder springt – aber endlich – endlich sind gute Rollen gefunden, die Saiten fangen an zu stehen, und aus dem mißtönigen Sumsen gehen allmählich klare, reine Akkorde hervor! „Ach, es glückt, es glückt – das Instrument stimmt sich!" ruft die Baronin, indem sie mich mit holdem Lächeln anblickt! – Wie schnell vertrieb dies gemeinschaftliche Mühen alles Fremde, Nüchterne, das die Konvenienz hinstellt; wie ging unter uns eine heimische Vertraulichkeit auf, die, ein elektrischer Hauch, mich durchglühend, die verzagte Beklommenheit, welche wie Eis auf meiner Brust lag, schnell wegzehrte. Jener seltsame Pathos, wie ihn solche Verliebtheit, wie die meinige, wohl erzeugt, hatte mich ganz verlassen, und so kam es, daß, als nun endlich das Pianoforte leidlich gestimmt war, ich, statt, wie ich gewollt, meine innern Gefühle in Fantasien recht laut werden zu lassen, in jene süße liebliche Kanzonetten verfiel, wie sie aus dem Süden zu uns herübergeklungen. Während dieser „Senza di te" – dieser „Sentimi idol mio", dieser „Almen se non poss'io" und hundert „Morir mi sento's" und „Addio's" und „Oh dio's" wurden leuchtender und leuchtender Seraphinens Blicke. Sie hatte sich dicht neben mir an das Instrument gesetzt, ich fühlte ihren Atem an meiner Wange spielen; indem sie ihren Arm hinter mir auf die Stuhllehne stützte, fiel ein weißes Band, das sich von dem zierlichen Ballkleide losgenestelt, über meine Schulter und flatterte, von meinen Tönen, von Seraphinens leisen Seufzern berührt, hin und her wie ein getreuer Liebesbote! Es war zu verwundern, daß ich den Verstand behielt! Als ich, mich auf irgendein neues Lied besinnend, in den Akkorden herumfuhr, sprang Fräulein Adelheid, die in einer Ecke des Zimmers gesessen, herbei, kniete vor der Baronin hin und bat, ihre beiden Hände erfassend und an die Brust drückend: „O liebe Baronin – Seraphinchen, nun mußt du auch singen!" – Die Baronin erwiderte: „Wo denkst du aber auch hin, Adelheid! – wie mag ich mich denn vor unserm Virtuosen da mit meiner elenden Singerei hören lassen!" – Es war lieblich anzuschauen, wie sie, gleich einem fromm-verschämten Kinde, die Augen niederschlagend und hoch errötend, mit der Lust und mit der Scheu kämpfte. – Man kann denken, wie ich sie anflehte und, als sie kleine kurländische Volkslieder erwähnte, nicht nachließ, bis sie, mit der linken Hand herüberlangend, einige Töne auf dem Instrument versuchte, wie zur Einleitung. Ich wollte ihr Platz machen am Instrument, sie ließ es aber nicht zu, indem sie versicherte, daß sie nicht eines einzigen Akkordes mächtig sei und daß ebendeshalb ihr Gesang ohne Begleitung sehr mager und unsicher klingen werde. Nun fing sie mit zarter, glockenreiner, tief aus dem Herzen tönender Stimme ein Lied an, dessen einfache Melodie ganz den Charakter jener Volkslieder trug, die so klar aus dem Innern herausleuchten, daß wir in dem hellen Schein, der uns umfließt, unsere höhere poetische Natur erkennen müssen. Ein geheimnisvoller Zauber liegt in den unbedeutenden Worten des Textes, der zur Hieroglyphe des Unaussprechlichen wird, von dem unsere Brust erfüllt. Wer denkt nicht an jene spanische Kanzonetta, deren Inhalt den Worten nach nicht viel mehr ist als: „Mit meinem Mädchen schifft ich auf dem Meer, da wurd es stürmisch, und mein Mädchen wankte furchtsam hin und her. Nein! – nicht schiff ich wieder mit meinem Mädchen auf dem Meer!" – So sagte der Baronin Liedlein nichts weiter: „Jüngst tanzt ich mit meinem Schatz auf der Hochzeit, da fiel mir eine Blume aus dem Haar, die hob er auf und gab sie mir und sprach: ‚Wenn, mein Mädchen, gehn wir wieder zur Hochzeit?‘" – Als ich bei der zweiten Strophe dies Liedchen in harpeggierenden Akkorden begleitete, als ich in der Begeisterung, die mich erfaßt, die Melodien der folgenden Lieder gleich von den Lippen der Baronin wegstahl, da erschien ich ihr und der Fräulein Adelheid wie der größte Meister der Tonkunst, sie überhäuften mich mit Lobsprüchen. Die angezündeten Lichter des Ballsaals im Seitenflügel brannten hinein in das Gemach der Baronin, und ein mißtöniges Geschrei von Trompeten und Hörnern verkündete, daß es Zeit sei, sich zum Ball zu versammeln. „Ach, nun muß ich fort", rief die Baronin, ich sprang auf vom Instrument. „Sie haben mir eine herrliche Stunde bereitet – es waren die heitersten Momente, die ich jemals hier in R..sitten verlebte." Mit diesen Worten reichte mir die Baronin die Hand; als ich sie im Rausch des höchsten Entzückens an die Lippen drückte, fühlte ich ihre Finger heftig pulsierend an meiner Hand anschlagen! Ich weiß nicht, wie ich in des Großonkels Zimmer, wie ich dann in den Ballsaal kam. – Jener Gaskogner fürchtete die Schlacht, weil jede Wunde ihm tödlich werden müsse, da er ganz Herz sei! – Ihm mochte ich, ihm mag jeder in meiner Stimmung gleichen! Jede Berührung wird tödlich. Der Baronin Hand, die pulsierenden Finger hatten mich getroffen wie vergiftete Pfeile, mein Blut brannte in den Adern! Ohne mich gerade auszufragen, hatte der Alte am andern Morgen doch bald die Geschichte des mit der Baronin verlebten Abends heraus, und ich war nicht wenig betreten, als er, der mit lachendem Munde und heiterm Tone gesprochen, plötzlich sehr ernst wurde und anfing: „Ich bitte dich, Vetter, widerstehe der Narrheit, die dich mit aller Macht ergriffen! – Wisse, daß dein Beginnen, so harmlos wie es scheint, die entsetzlichsten Folgen haben kann, du stehst in achtlosem Wahnsinn auf dünner Eisdecke, die bricht unter dir, ehe du dich es versiehst, und du plumpst hinein. Ich werde mich hüten, dich am Rockschoß festzuhalten, denn ich weiß, du rappelst dich selbst wieder heraus und sprichst, zum Tode erkrankt: ‚Das bißchen Schnupfen bekam ich im Traume‘, aber ein böses Fieber wird zehren an deinem Lebensmark, und Jahre werden hingehen, ehe du dich ermannst. – Hol der Teufel deine Musik, wenn du damit nichts Besseres anzufangen weißt, als empfindelnde Weiber hinauszutrompeten aus friedlicher Ruhe." – „Aber", unterbrach ich den Alten, „kommt es mir denn in den Sinn, mich bei der Baronin einzuliebeln?" „Affe!" rief der Alte, „wüßt ich das, so würfe ich dich hier durchs Fenster!" – Der Baron unterbrach das peinliche Gespräch, und das beginnende Geschäft riß mich auf aus der Liebesträumerei, in der ich nur Seraphinen sah und dachte. In der Gesellschaft sprach die Baronin nur dann und wann mit mir einige freundliche Worte, aber beinahe kein Abend verging, daß nicht heimliche Botschaft kam von Fräulein Adelheid, die mich hinrief zu Seraphinen. Bald geschah es, daß mannigfache Gespräche mit der Musik wechselten. Fräulein Adelheid, die beinahe nicht jung genug war, um so naiv und drollig zu sein, sprang mit allerlei lustigem und etwas konfusem Zeuge dazwischen, wenn ich und Seraphine uns zu vertiefen begannen in sentimentale Ahnungen und Träumereien. Aus mancher Andeutung mußt ich bald erfahren, daß der Baronin wirklich irgend etwas Verstörendes im Sinn liege, wie ich es gleich, als ich sie zum ersten Male sah, in ihrem Blick zu lesen glaubte, und die feindliche Wirkung des Hausgespenstes ging mir ganz klar auf. Irgend etwas Entsetzliches war oder sollte geschehen. Wie oft drängte es mich, Seraphinen zu erzählen, wie mich der unsichtbare Feind berührt und wie ihn der Alte, gewiß für immer, gebannt habe, aber eine mir selbst unerklärliche Scheu fesselte mir die Zunge in dem Augenblick, als ich reden wollte.

Eines Tages fehlte die Baronin bei der Mittagstafel; es hieß, sie kränkle und könne das Zimmer nicht verlassen. Teilnehmend frug man den Baron, ob das Übel von Bedeutung sei. Er lächelte auf fatale Art, recht wie bitter höhnend, und sprach: „Nichts als ein leichter Katarrh, den ihr die rauhe Seeluft zugeweht, die nun einmal hier kein süßes Stimmchen duldet und keine andern Töne leidet als das derbe Halloh der Jagd." – Bei diesen Worten warf der Baron mir, der ihm schräguber saß, einen stechenden Blick zu. Nicht zu dem Nachbar, zu mir hatte er gesprochen. Fräulein Adelheid, die neben mir saß, wurde blutrot; vor sich hin auf den Teller starrend und mit der Gabel darauf herumkritzelnd, lispelte sie: „Und noch heute siehst du Seraphinen, und noch heute werden deine süßen Liederchen beruhigend sich an das kranke Herz legen." – Auch Adelheid sprach diese Worte für mich, aber in dem Augenblick war es mir, als stehe ich mit der Baronin in unlauterm verbotenem Liebesverhältnis, das nur mit dem Entsetzlichen, mit einem Verbrechen, endigen könne. – Die Warnungen des Alten fielen mir schwer aufs Herz. – Was sollte ich beginnen! – Sie nicht mehr sehen? – Das war, solange ich im Schlosse blieb, unmöglich, und durfte ich auch das Schloß verlassen und nach K. zurückgehen, ich vermochte es nicht. Ach! nur zu sehr fühlt ich, daß ich nicht stark genug war, mich selbst aufzurütteln aus dem Traum, der mich mit phantastischem Liebesglück neckte. Adelheid erschien mir beinahe als gemeine Kupplerin, ich wollte sie deshalb verachten – und doch, mich wieder besinnend, mußte ich mich meiner Albernheit schämen. Was geschah in jenen seligen Abendstunden, das nur im mindesten ein näheres Verhältnis mit Seraphinen, als Sitte und Anstand es erlaubten, herbeiführen konnte? Wie durfte es mir einfallen, daß die Baronin irgend etwas für mich fühlen sollte, und doch war ich von der Gefahr meiner Lage überzeugt! – Die Tafel wurde zeitiger aufgehoben, weil es noch auf Wölfe gehen sollte, die sich in dem Föhrenwalde, ganz nahe dem Schlosse, hatten blicken lassen. Die Jagd war mir recht in meiner aufgeregten Stimmung, ich erklärte dem Alten, mitziehn zu wollen, er lächelte mich zufrieden an, sprechend: „Das ist brav, daß du auch einmal dich herausmachst, ich bleibe heim, du kannst meine Büchse nehmen, und schnalle auch meinen Hirschfänger um, im Fall der Not ist das eine gute sichre Waffe, wenn man nur gleichmütig bleibt." Der Teil des Waldes, in dem die Wölfe lagern mußten, wurde von den Jägern umstellt. Es war schneidend kalt, der Wind heulte durch die Föhren und trieb mir die hellen Schneeflocken ins Gesicht, daß ich, als nun vollends die Dämmerung einbrach, kaum sechs Schritte vor mir hinschauen konnte. Ganz erstarrt verließ ich den mir angewiesenen Platz und suchte Schutz tiefer im Walde. Da lehnte ich an einem Baum, die Büchse unterm Arm. Ich vergaß die Jagd, meine Gedanken trugen mich fort zu Seraphinen ins heimische Zimmer. Ganz entfernt fielen Schüsse, in demselben Moment rauschte es im Röhricht, und nicht zehn Schritte von mir erblickte ich einen starken Wolf, der vorüberrennen wollte. Ich legte an, drückte ab – ich hatte gefehlt, das Tier sprang mit glühenden Augen auf mich zu, ich war verloren, hatte ich nicht Besonnenheit genug, das Jagdmesser herauszureißen, das ich dem Tier, als es mich packen wollte, tief in die Gurgel stieß, so daß das Blut mir über Hand und Arm spritzte. Einer von den

Jägern des Barons, der mir unfern gestanden, kam nun mit vollem Geschrei herangelaufen, und auf seinen wiederholten Jagdruf sammelten sich alle um uns. Der Baron eilte auf mich zu: „Um des Himmels willen. Sie bluten? – Sie bluten – Sie sind verwundet?" Ich versicherte das Gegenteil; da fiel der Baron über den Jäger her, der mir der nächste gestanden, und überhäufte ihn mit Vorwürfen, daß er nicht nachgeschossen, als ich gefehlt, und unerachtet dieser versicherte, daß das gar nicht möglich gewesen, weil in derselben Sekunde der Wolf auf mich zugestürzt, so daß jeder Schuß *mich* hätte treffen können, so blieb doch der Baron dabei, daß er mich, als einen minder erfahrnen Jäger, in besondere Obhut hätte nehmen sollen. Unterdessen hatten die Jäger das Tier aufgehoben, es war das größte der Art, das sich seit langer Zeit hatte sehen lassen, und man bewunderte allgemein meinen Mut und meine Entschlossenheit, unerachtet mir mein Benehmen sehr natürlich schien und ich in der Tat an die Lebensgefahr, in der ich schwebte, gar nicht gedacht hatte. Vorzüglich bewies sich der Baron teilnehmend, er konnte gar nicht aufhören zu fragen, ob ich, sei ich auch nicht von der Bestie verwundet, doch nichts von den Folgen des Schrecks fürchte. Es ging zurück nach dem Schlosse, der Baron faßte mich, wie einen Freund, unter den Arm, die Büchse mußte ein Jäger tragen. Er sprach noch immer von meiner heroischen Tat, so daß ich am Ende selbst an meinen Heroismus glaubte, alle Befangenheit verlor und mich selbst dem Baron gegenüber als ein Mann von Mut und seltener Entschlossenheit festgestellt fühlte. Der Schulknabe hatte sein Examen glücklich bestanden, war kein Schulknabe mehr, und alle demütige Ängstlichkeit des Schulknaben war von ihm gewichen. Erworben schien mir jetzt das Recht, mich um Seraphinens Gunst zu mühen. Man weiß ja, welcher albernen Zusammenstellungen die Phantasie eines verliebten Jünglings fähig ist. – Im Schlosse, am Kamin bei dem rauchenden Punschnapf, blieb ich der Held des Tages; nur der Baron selbst hatte außer mir noch einen tüchtigen Wolf erlegt, die übrigen mußten sich begnügen, ihre Fehlschüsse dem Wetter – der Dunkelheit zuzuschreiben und greuliche Geschichten von sonst auf der Jagd erlebtem Glück und überstandener Gefahr zu erzählen. Von dem Alten glaubte ich nun gar sehr gelobt und bewundert zu werden; mit diesem Anspruch erzählte ich ihm mein Abenteuer ziemlich breit und vergaß nicht, das wilde, blutdürstige Ansehn der wilden Bestie mit recht grellen Farben auszumalen. Der Alte lachte mir aber ins Gesicht und sprach: „Gott ist mächtig in den Schwachen!"

Als ich, des Trinkens, der Gesellschaft überdrüssig, durch den Korridor nach dem Gerichtssaal schlich, sah ich vor mir eine Gestalt, mit dem Licht in der Hand, hineinschlüpfen. In den Saal tretend, erkannte ich Fräulein Adelheid. „Muß man nicht umherirren wie ein Gespenst, wie ein Nachtwandler, um Sie, mein tapferer Wolfsjäger, aufzufinden!" – So lispelte sie mir zu, indem sie mich bei der Hand ergriff. Die Worte: „Nachtwandler – Gespenst", fielen mir, hier an diesem Orte ausgesprochen, schwer aufs Herz; augenblicklich brachten sie mir die gespenstischen Erscheinungen jener beiden graulichen Nächte in Sinn und Gedanken, wie damals heulte der Seewind in tiefen Orgeltönen herüber, es knatterte und pfiff schauerlich durch die Bogenfenster, und der Mond warf sein bleiches Licht gerade auf die geheimnisvolle Wand, an der sich das Kratzen vernehmen ließ. Ich glaubte Blutflecke daran zu erkennen. Fräulein Adelheid mußte, mich noch immer bei der Hand haltend, die Eiskälte fühlen, die mich durchschauerte. „Was ist Ihnen, was ist Ihnen", sprach sie leise, „Sie erstarren ja ganz? – Nun will ich Sie ins Leben rufen. Wissen Sie wohl, daß die Baronin es gar nicht erwarten kann, Sie zu sehen? – Eher glaubt sie nicht, daß der böse Wolf Sie wirklich nicht zerbissen hat. Sie ängstigt sich unglaublich! – Ei, ei, mein Freund, was haben Sie mit Seraphinchen angefangen! Noch niemals habe ich sie so gesehen. – Hu! – wie jetzt der Puls anfängt zu prickeln! – wie der tote Herr so plötzlich erwacht ist! – Nein, kommen Sie – fein leise – wir müssen zur kleinen Baronin!" Ich ließ mich schweigend fortziehen; die Art, wie Adelheid von der Baronin sprach, schien mir unwürdig und vorzüglich die Andeutung des Verständnisses zwischen uns gemein. Als ich mit Adelheid eintrat, kam Seraphine mir mit einem leisen „Ach!" drei – vier Schritte rasch entgegen, dann blieb sie, wie sich besinnend, mitten im Zimmer stehen, ich wagte, ihre Hand zu ergreifen und sie an meine Lippen zu drücken. Die Baronin ließ ihre Hand in der meinigen ruhen, indem sie sprach: „Aber mein Gott, ist es denn Ihres Berufs, es mit Wölfen aufzunehmen? Wissen Sie denn nicht, daß Orpheus', Amphions fabelhafte Zeit längst vorüber ist und daß die wilden Tiere allen Respekt vor den vortrefflichsten Sängern ganz verloren haben?" – Diese anmutige Wendung, mit der die Baronin ihrer lebhaften Teilnahme sogleich alle Mißdeutung abschnitt, brachte mich augenblicklich in richtigen Ton und Takt. Ich weiß selbst nicht, wie es kam, daß ich nicht, wie gewöhnlich, mich an das Instrument setzte, sondern neben der Baronin auf dem Kanapee Platz nahm. Mit dem Wort: „Und wie kamen Sie denn in Gefahr?" erwies sich unser Einverständnis, daß es heute nicht auf Musik, sondern auf Gespräch abgesehen sei. Nachdem ich meine Abenteuer im Walde erzählt und der lebhaften Teilnahme des Barons erwähnt, mit der leisen Andeutung, daß ich ihn deren nicht für fähig gehalten, fing die Baronin mit sehr weicher, beinahe wehmütiger Stimme an: „O wie muß Ihnen der Baron so stürmisch, so rauh vorkommen, aber glauben Sie mir, nur während des Aufenthalts in diesen finstern unheimlichen Mauern, nur während des wilden Jagens in den öden Föhrenwäldern ändert er sein ganzes Wesen, wenigstens sein äußeres Betragen. Was ihn vorzüglich so ganz und gar verstimmt, ist der Gedanke, der ihn beständig verfolgt, daß hier irgend etwas Entsetzliches geschehen werde: daher hat ihn Ihr Abenteuer, das zum Glück ohne üble Folgen blieb, gewiß tief erschüttert. Nicht den geringsten seiner Diener will er der mindesten Gefahr ausgesetzt wissen, viel weniger einen lieben neugewonnenen Freund, und ich weiß gewiß, daß Gottlieb, dem er schuld gibt, Sie im Stiche gelassen zu haben, wo nicht mit Gefängnis bestraft werden, doch die beschämende Jägerstrafe dulden wird, ohne Gewehr, mit einem Knittel in der Hand, sich dem Jagdgefolge anschließen zu müssen. Schon daß solche Jagden, wie hier, nie ohne Gefahr sind und daß der Baron, immer Unglück befürchtend, doch in der Freude und Lust daran selbst den bösen Dämon neckt, bringt etwas Zerrissenes in sein Leben, das feindlich selbst auf mich wirken muß. Man erzählt viel Seltsames von dem Ahnherrn, der das Majorat stiftete, und ich weiß es wohl, daß ein düsteres Familiengeheimnis, das in diesen Mauern verschlossen, wie ein entsetzlicher Spuk die Besitzer wegtreibt und es ihnen nur möglich macht, eine kurze Zeit hindurch im lauten wilden Gewühl auszudauern. Aber ich! – wie einsam muß ich mich in diesem Gewühl befinden, und wie muß mich das Unheimliche, das aus allen Wänden weht, im Innersten aufregen! Sie, mein lieber Freund! haben mir die ersten heitern Augenblicke, die ich hier verlebte, durch Ihre Kunst verschafft! – wie kann ich Ihnen denn herzlich genug dafür danken!" – Ich küßte die mir dargebotene

Hand, indem ich erklärte, daß auch ich gleich am ersten Tage, oder vielmehr in der ersten Nacht, das Unheimliche des Aufenthalts bis zum tiefsten Entsetzen gefühlt habe. Die Baronin blickte mir starr ins Gesicht, als ich jenes Unheimliche der Bauart des ganzen Schlosses, vorzüglich den Verzierungen im Gerichtssaal, dem sausenden Seewinde und so weiter zuschrieb. Es kann sein, daß Ton und Ausdruck darauf hindeuteten, daß ich noch etwas anderes meine, genug, als ich schwieg, rief die Baronin heftig: „Nein, nein – es ist Ihnen irgend etwas Entsetzliches geschehen in jenem Saal, den ich nie ohne Schauer betrete! – ich beschwöre Sie – sagen Sie mir alles!"

Zur Totenblässe war Seraphinens Gesicht verbleicht, ich sah wohl ein, daß es nun geratener sei, alles, was mir widerfahren, getreulich zu erzählen, als Seraphinens aufgeregter Phantasie es zu überlassen, vielleicht einen Spuk, der, in mir unbekannter Beziehung, noch schrecklicher sein konnte als der erlebte, sich auszubilden. Sie hörte mich an, und immer mehr und mehr stieg ihre Beklommenheit und Angst. Als ich des Kratzens an der Wand erwähnte, schrie sie auf: „Das ist entsetzlich – ja, ja – in dieser Mauer ist jenes fürchterliche Geheimnis verborgen!" – Als ich dann weitererzählte, wie der Alte mit geistiger Gewalt und Übermacht den Spuk gebannt, seufzte sie tief, als würde sie frei von einer schweren Last, die ihre Brust gedrückt. Sich zurücklehnend, hielt sie beide Hände vors Gesicht. Erst jetzt bemerkte ich, daß Adelheid uns verlassen. Längst hatte ich geendet, und da Seraphine noch immer schwieg, stand ich leise auf, ging an das Instrument und mühte mich, in anschwellenden Akkorden tröstende Geister heraufzurufen, die Seraphinen dem finstern Reiche, das sich ihr in meiner Erzählung erschlossen, entführen sollten. Bald intonierte ich so zart, als ich es vermochte, eine jener heiligen Kanzonen des Abbate Steffani. In den wehmutsvollen Klängen des: „Ochi, perchè piangete" erwachte Seraphine aus düstern Träumen und horchte, mild lächelnd, glänzende Perlen in den Augen, mir zu. – Wie geschah es denn, daß ich vor ihr hinkniete, daß sie sich zu mir herabbeugte, daß ich sie mit meinen Armen umschlang, daß ein langer glühender Kuß auf meinen Lippen brannte? – Wie geschah es denn, daß ich nicht die Besinnung verlor, daß ich es fühlte, wie sie sanft mich an sich drückte, daß ich sie aus meinen Armen ließ und, schnell mich emporrichtend, an das Instrument trat?

Von mir abgewendet, ging die Baronin einige Schritte nach dem Fenster hin, dann kehrte sie um und trat mit einem beinahe stolzen Anstande, der ihr sonst gar nicht eigen, auf mich zu. Mir fest ins Auge blickend, sprach sie: „Ihr Onkel ist der würdigste Greis, den ich kenne, er ist der Schutzengel unserer Familie – möge er mich einschließen in sein frommes Gebet!" – Ich war keines Wortes mächtig, verderbliches Gift, das ich in jenem Kusse eingesogen, gärte und flammte in allen Pulsen, in allen Nerven! – Fräulein Adelheid trat herein – die Wut des innern Kampfes strömte aus in heißen Tränen, die ich nicht zurückzudrängen vermochte! – Adelheid blickte mich verwundert und zweifelhaft lächelnd an – ich hätte sie ermorden können. Die Baronin reichte mir die Hand und sprach mit unbeschreiblicher Milde: „Leben Sie wohl, mein lieber Freund! – Leben Sie recht wohl, denken Sie daran, daß vielleicht niemand besser als ich Ihre Musik verstand. – Ach! diese Töne werden lange – lange in meinem Innern widerklingen." – Ich zwang mir einige unzusammenhängende alberne Worte ab und lief nach userm Gemach. Der Alte hatte sich schon zur Ruhe begeben. Ich blieb im Saal, ich stürzte auf die Knie, ich weinte laut – ich rief den Namen der Geliebten, kurz, ich überließ mich den Torheiten des verliebten Wahnsinns trotz einem, und nur der laute Zuruf des über mein Toben aufgewachten Alten: „Vetter, ich glaube, du bist verrückt geworden oder balgst dich aufs neue mit einem Wolf? – Schier dich zu Bette, wenn es dir sonst gefällig ist" – nur dieser Zuruf trieb mich hinein ins Gemach, wo ich mich mit dem festen Vorsatz niederlegte, nur von Seraphinen zu träumen. Es mochte schon nach Mitternacht sein, als ich, noch nicht eingeschlafen, entfernte Stimmen, ein Hinundherlaufen und das Öffnen und Zuschlagen von Türen zu vernehmen glaubte. Ich horchte auf, da hörte ich Tritte auf dem Korridor sich nahen, die Tür des Saals wurde geöffnet, und bald klopfte es an unser Gemach. „Wer ist da?" rief ich laut; da sprach es draußen: „Herr Justitiarius – Herr Justitiarius, wachen Sie auf – wachen Sie auf!" Ich erkannte Franzens Stimme, und indem ich frug: „Brennt es im Schlosse?" wurde der Alte wach und rief: „Wo brennt es? – wo ist schon wieder verdammter Teufelsspuk los?" – „Ach, stehen Sie auf, Herr Justitiarius", sprach Franz, „stehen Sie auf, der Herr Baron verlangt nach Ihnen!" – „Was will der Baron von mir", frug der Alte weiter, „was will er von mir zur Nachtzeit? – weiß er nicht, daß das Justitiariat mit dem Justitiarius zu Bette geht und ebensogut schläft als er?" – „Ach", rief nun Franz ängstlich, „lieber Herr Justitiarius, stehen Sie doch nur auf – die gnädige Frau Baronin liegt im Sterben!" – Mit einem Schrei des Entsetzens fuhr ich auf. „Öffne Franzen die Tür", rief mir der Alte zu; besinnungslos wankte ich im Zimmer herum, ohne Tür und Schloß zu finden. Der Alte mußte mir beistehen, Franz trat bleich, mit verstörtem Gesicht herein und zündete die Lichter an. Als wir uns kaum in die Kleider geworfen, hörten wir schon den Baron im Saal rufen: „Kann ich Sie sprechen, lieber V.?" „Warum hast du dich angezogen, Vetter, der Baron hat nur nach mir verlangt?" frug der Alte, im Begriff herauszutreten. „Ich muß hinab – ich muß sie sehen und dann sterben", sprach ich dumpf und wie vernichtet vom trostlosen Schmerz. „Ja so! da hast du recht, Vetter!" Dies sprechend, warf mir der Alte die Tür vor der Nase zu, daß die Angeln klirrten, und verschloß sie von draußen. Im ersten Augenblick, über diesen Zwang empört, wollt ich die Tür einrennen, aber mich schnell besinnend, daß dieses nur die verderblichen Folgen einer ungezügelten Raserei haben könne, beschloß ich, die Rückkehr des Alten abzuwarten, dann aber, koste es, was es wolle, seiner Aufsicht zu entschlüpfen. Ich hörte den Alten heftig mit dem Baron reden, ich hörte mehrmals meinen Namen nennen, ohne weiteres verstehen zu können. – Mit jeder Sekunde wurde mir meine Lage tödlicher. – Endlich vernahm ich, wie dem Baron eine Botschaft gebracht wurde und wie er schnell davonrannte. Der Alte trat wieder in das Zimmer. – „Sie ist tot" – mit diesem Schrei stürzte ich dem Alten entgegen. – „Und du bist närrisch!" fiel er gelassen ein, faßte mich und drückte mich in einen Stuhl. „Ich muß hinab", schrie ich, „Ich muß hinab, sie sehen, und sollt es mir das Leben kosten!" – „Tue das, lieber Vetter", sprach der Alte, indem er die Tür verschloß, den Schlüssel abzog und in die Tasche steckte. Nun flammte ich auf in toller Wut, ich griff nach der geladenen Büchse und schrie: „Hier vor Ihren Augen jage ich mir die Kugel durch den Kopf, wenn Sie nicht sogleich mir die Tür öffnen." Da trat der Alte dicht vor mir hin und sprach, indem er mich mit durchbohrendem Blick ins Auge faßte: „Glaubst du, Knabe, daß du mich mit deiner armseligen Drohung erschrecken kannst? – Glaubst du, daß mir dein Leben was wert ist, wenn du vermagst, es in kindischer Albernheit wie ein abgenutztes Spielzeug wegzuwerfen? – Was hast du mit dem Weibe des Barons zu schaffen? – wer gibt dir das Recht, dich wie ein überlästiger Geck da hinzudrängen, wo du nicht hingehörst und wo man dich auch gar nicht mag? – Willst du den liebenden Schäfer machen in ernster Todesstunde?" – Ich sank vernichtet in den Lehnstuhl. – Nach einer Weile fuhr der Alte mit milderer Stimme fort: „Und damit du es nur weißt, mit der angeblichen Todesgefahr der Baronin ist es wahrscheinlich ganz und gar nichts – Fräulein Adelheid ist denn nun gleich außer sich über alles; wenn ihr ein Regentropfen auf die Nase fällt, so schreit sie: ,Welch ein schreckliches Unwetter!' Zum Unglück ist der Feuerlärm bis zu den alten Tanten gedrungen, die sind unter unziemlichem Weinen mit einem ganzen Arsenal von stärkenden Tropfen – Lebenselixieren, und was weiß ich sonst, angerückt – eine starke Anwandlung von Ohnmacht." – Der Alte hielt inne, er mochte bemerken, wie ich im Innern kämpfte. Er ging einigemal die Stube auf und ab, stellte sich wieder vor mir hin, lachte recht herzlich und sprach: „Vetter, Vetter! was treibst du für närrisches Zeug? – Nun! – es ist einmal nicht anders, der Satan treibt hier seinen Spuk auf mancherlei Weise, du bist ihm ganz lustig in die Krallen gelaufen, und er macht jetzt sein Tänzchen mit dir." – Er ging wieder einige Schritte auf und ab, dann sprach er weiter: „Mit dem Schlaf ist's nun einmal vorbei, und da dächt ich, man rauchte eine Pfeife und brächte so noch die paar Stündchen Nacht und Finsternis hin!" – Mit diesen Worten nahm der Alte eine tönerne Pfeife vom Wandschrank herab und stopfte sie, ein Liedchen brummend, langsam und sorgfältig, dann suchte er unter vielen Papieren, bis er ein Blatt herausriß, es zum Fidibus zusammenknetete und ansteckte. Die dicken Rauchwolken von sich blasend, sprach er zwischen den Zähnen: „Nun, Vetter, wie war es mit dem Wolf?" – Ich weiß nicht, wie dies ruhige Treiben des Alten seltsam auf mich wirkte. – Es war, als sei ich gar nicht mehr in R..sitten – die Baronin weit – weit von mir entfernt, so daß ich sie nur mit den geflügelten Gedanken erreichen könne! – Die letzte Frage des Alten verdroß mich. „Aber", fiel ich ein, „finden Sie mein Jagdabenteuer so lustig, so zum Bespötteln geeignet?" „Mitnichten", erwiderte der Alte, „mitnichten, Herr Vetter, aber du glaubst nicht, welch komisches Gesicht solch ein Kiekindiewelt wie du schneidet und wie er sich überhaupt so possierlich dabei macht, wenn der liebe Gott ihn einmal würdigt, was Besonderes ihm passieren zu lassen. – Ich hatte einen akademischen Freund, der ein stiller, besonnener, mit sich einiger Mensch war. Der Zufall verwickelte ihn, der nie

Anlaß zu dergleichen gab, in eine Ehrensache, und er, den die mehresten Burschen für einen Schwächling, für einen Pinsel hielten, benahm sich dabei mit solchem ernstem entschlossenem Mute, daß alle ihn höchlich bewunderten. Aber seit der Zeit war er auch umgewandelt. Aus dem fleißigen besonnenen Jünglinge wurde ein prahlhafter, unausstehlicher Raufbold. Er kommerschierte und jubelte und schlug, dummer Kinderei halber, sich so lange, bis ihn der Senior einer Landsmannschaft, die er auf pöbelhafte Weise beleidigt, im Duell niederstieß. – Ich erzähle dir das nur so, Vetter, du magst dir dabei denken, was du willst! – Um nun wieder auf die Baronin und ihre Krankheit zu kommen –" Es ließen sich in dem Augenblick leise Tritte auf dem Saal hören, und mir war es, als ginge ein schauerliches Ächzen durch die Lüfte! – „Sie ist hin!" – der Gedanke durchfuhr mich wie ein tötender Blitz! – Der Alte stand rasch auf und rief laut: „Franz – Franz!" – „Ja, lieber Herr Justitiarius", antwortete es draußen. „Franz", fuhr der Alte fort, „schüre ein wenig das Feuer im Kamin zusammen, und ist es tunlich, so magst du für uns ein paar Tassen guten Tee bereiten! – Es ist verteufelt kalt", wandte sich der Alte zu mir, „und da wollen wir uns lieber draußen am Kamine was erzählen." Der Alte schloß die Tür auf, ich folgte ihm mechanisch. „Wie geht's unten?", frug der Alte. „Ach", erwiderte Franz, „es hatte gar nicht viel zu bedeuten, die gnädige Frau Baronin sind wieder ganz munter und schieben das bißchen Ohnmacht auf einen bösen Traum!" – Ich wollte aufjauchzen vor Freude und Entzücken, ein sehr ernster Blick des Alten wies mich zur Ruhe. „Ja", sprach der Alte, „im Grunde genommen wär's doch besser, wir legten uns noch ein paar Stündchen aufs Ohr. – Laß es nur gut sein mit dem Tee, Franz!" – „Wie Sie befehlen, Herr Justitiarius", erwiderte Franz und verließ den Saal mit dem Wunsch einer *geruhsamen* Nacht, unerachtet schon die Hähne krähten. „Höre, Vetter!" sprach der Alte, indem er die Pfeife im Kamin ausklopfte, „höre, Vetter! gut ist's doch, daß dir kein Malheur passiert ist mit Wölfen und geladenen Büchsen!" – Ich verstand jetzt alles und schämte mich, daß ich dem Alten Anlaß gab, mich zu behandeln wie ein ungezogenes Kind.

„Sei so gut", sprach der Alte am andern Morgen, „sei so gut, lieber Vetter, steige herab und erkundige dich, wie es mit der Baronin steht. Du kannst nur immer nach

Fräulein Adelheid fragen, die wird dich denn wohl mit einem tüchtigen Bulletin versehen." – Man kann denken, wie ich hinabeilte. Doch in dem Augenblick, als ich leise an das Vorgemach der Baronin pochen wollte, trat mir der Baron rasch aus demselben entgegen. Er blieb verwundert stehen und maß mich mit finsterm, durchbohrenden Blick. „Was wollen Sie hier!" fuhr es ihm heraus. Unerachtet mir das Herz im Innersten schlug, nahm ich mich zusammen und erwiderte mit festem Ton: „Mich im Auftrage des Onkels nach dem Befinden der gnädigen Frau erkundigen." – „Oh, es war ja gar nichts – ihr gewöhnlicher Nervenzufall. Sie schläft sanft, und ich weiß, daß sie wohl und munter bei der Tafel erscheinen wird! – Sagen Sie das – Sagen Sie das." – Dies sprach der Baron mit einer gewissen leidenschaftlichen Heftigkeit, die mir anzudeuten schien, daß er um die Baronin besorgter sei, als er es wolle merken lassen. Ich wandte mich, um zurückzukehren, da ergriff der Baron plötzlich meinen Arm und rief mit flammendem Blick: „Ich habe mit Ihnen zu sprechen, junger Mann!" – Sah ich nicht den schwerbeleidigten Gatten vor mir, und mußt ich nicht einen Auftritt befürchten, der vielleicht schmachvoll für mich enden konnte? Ich war unbewaffnet, doch im Moment besann ich mich auf mein künstliches Jagdmesser, das mir der Alte erst in R..sitten geschenkt und das ich noch in der Tasche trug. Nun folgte ich dem mich rasch fortziehenden Baron mit dem Entschluß, keines Leben zu schonen, wenn ich Gefahr laufen sollte, unwürdig behandelt zu werden. Wir waren in des Barons Zimmer eingetreten, dessen Tür er hinter sich abschloß. Nun schritt er mit übereinandergeschlagenen Armen heftig auf und ab, dann blieb er vor mir stehen und wiederholte: „Ich habe mit Ihnen zu sprechen, junger Mann!" Der verwegenste Mut war mir gekommen, und ich wiederholte mit erhöhtem Ton: „Ich hoffe, daß es Worte sein werden, die ich ungeahndet hören darf!" Der Baron schaute mich verwundert an, als verstehe er mich nicht. Dann blickte er finster zur Erde, schlug die Arme über den Rücken und fing wieder an, im Zimmer auf und ab zu rennen. – Er nahm die Büchse herab und stieß den Ladestock hinein, als wolle er versuchen, ob sie geladen sei oder nicht! – Das Blut stieg mir in den Adern, ich faßte nach dem Messer und schritt dicht auf den Baron zu, um es ihm unmöglich zu machen, auf mich anzulegen. „Ein schönes Gewehr", sprach der Baron, die Büchse wieder in den Winkel stellend. Ich trat einige

Schritte zurück und der Baron an mich heran; kräftiger auf meine Schulter schlagend, als gerade nötig, sprach er dann: „Ich muß Ihnen aufgeregt und verstört vorkommen, Theodor! ich bin es auch wirklich von der in tausend Ängsten durchwachten Nacht. Der Nervenzufall meiner Frau war durchaus nicht gefährlich, das sehe ich jetzt ein, aber hier – hier in diesem Schloß, in das ein finstrer Geist gebannt ist, fürcht ich das Entsetzliche, und dann ist es auch das erste Mal, daß sie hier erkrankte. Sie – Sie allein sind schuld daran!" – Wie das möglich sein könne, davon hätte ich keine Ahnung, erwiderte ich gelassen. „Oh", fuhr der Baron fort, „o wäre der verdammte Unglückskasten der Inspektorin auf blankem Eise zerbrochen in tausend Stücke, o wären Sie – doch nein! – nein! Es sollte, es mußte so sein, und ich allein bin schuld an allem. An mir lag es, in dem Augenblick, als Sie anfingen, in dem Gemach meiner Frau Musik zu machen, Sie von der ganzen Lage der Sache, von der Gemütsstimmung meiner Frau zu unterrichten" – Ich machte Miene zu sprechen –; „lassen Sie mich reden", rief der Baron, „ich muß im voraus Ihnen alles voreilige Urteil abschneiden. Sie werden mich für einen rauhen, der Kunst abholden Mann halten. Ich bin das keineswegs, aber eine auf tiefe Überzeugung gebaute Rücksicht nötigt mich, hier womöglich solcher Musik, die jedes Gemüt und auch gewiß das meinige ergreift, den Eingang zu versagen. Erfahren Sie, daß meine Frau an einer Erregbarkeit kränkelt, die am Ende alle Lebensfreude wegzehren muß. In diesen wunderlichen Mauern kommt sie gar nicht heraus aus dem erhöhten, überreizten Zustande, der sonst nur momentan einzutreten pflegt, und zwar oft als Vorbote einer ernsten Krankheit. Sie fragen mit Recht, warum ich der zarten Frau diesen schauerlichen Aufenthalt, dieses wilde verwirrte Jägerleben nicht erspare. Aber nennen Sie es immerhin Schwäche, genug, mir ist es nicht möglich, sie allein zurückzulassen. In tausend Ängsten und nicht fähig, Ernstes zu unternehmen, würde ich sein, denn ich weiß es, die entsetzlichsten Bilder von allerlei verstörendem Ungemach, das ihr widerfahren, verließen mich nicht im Walde, nicht im Gerichtssaal.– Dann aber glaube ich auch, daß dem schwächlichen Weibe gerade diese Wirtschaft hier wie ein erkräftigendes Stahlbad anschlagen muß. – Wahrhaftig, der Seewind, der nach seiner Art tüchtig durch die Föhren saust, das dumpfe Gebelle der Doggen, der keck und munter schmetternde Hörnerklang muß hier siegen über die verweichelnden, schmachtelnden Pinseleien am

Klavier, das *so* kein Mann spielen sollte, aber Sie haben es darauf angelegt, meine Frau methodisch zu Tode zu quälen!" – Der Baron sagte dies mit verstärkter Stimme und wildfunkelnden Augen – das Blut stieg mir in den Kopf, ich machte eine heftige Bewegung mit der Hand gegen den Baron, ich wollte sprechen, er ließ mich nicht zu Worte kommen. „Ich weiß, was Sie sagen wollen", fing er an, „ich weiß es und wiederhole es, daß Sie auf dem Wege waren, meine Frau zu töten, und daß ich Ihnen dies auch nicht im mindesten zurechnen kann, wiewohl Sie begreifen, daß ich dem Dinge Einhalt tun muß. – Kurz! – Sie exaltieren meine Frau durch Spiel und Gesang, und als sie in dem bodenlosen Meere träumerischer Visionen und Ahnungen, die Ihre Musik wie ein böser Zauber heraufbeschworen hat, ohne Halt und Steuer umherschwimmt, drücken Sie sie hinunter in die Tiefe mit der Erzählung eines unheimlichen Spuks, der Sie oben im Gerichtssaal geneckt haben soll. Ihr Großonkel hat mir alles erzählt, aber ich bitte Sie, wiederholen Sie mir alles, was Sie sahen oder nicht sahen – hörten – fühlten – ahnten." Ich nahm mich zusammen und erzählte ruhig, wie es sich damit begeben, von Anfang bis zu Ende. Der Baron warf nur dann und wann einzelne Worte, die sein Erstaunen ausdrückten, dazwischen. Als ich darauf kam, wie der Alte sich mit frommem Mut dem Spuk entgegengestellt und ihn gebannt habe mit kräftigen Worten, schlug er die Hände zusammen, hob sie gefaltet zum Himmel empor und rief begeistert: „Ja, er ist der Schutzgeist der Familie! – ruhen soll in der Gruft der Ahnen seine sterbliche Hülle!" – Ich hatte geendet. „Daniel, Daniel! was machst du hier zu dieser Stunde!" murmelte der Baron in sich hinein, indem er mit übereinandergeschlagenen Armen im Zimmer auf und abschritt. „Weiter war es also nichts, Herr Baron?" frug ich laut, indem ich Miene machte, mich zu entfernen. Der Baron fuhr auf wie aus einem Traum, faßte freundlich mich bei der Hand und sprach: „Ja – lieber Freund! meine Frau, der Sie so arg mitgespielt haben, ohne es zu wollen, die müssen Sie wiederherstellen, – Sie allein können das." Ich fühlte mich errötend, und stand ich dem Spiegel gegenüber, so erblickte ich gewiß in demselben ein sehr albernes verdutztes Gesicht. Der Baron schien sich an meiner Verlegenheit zu weiden, er blickte mir unverwandt ins Auge mit einem recht fatalen ironischen Lächeln. „Wie in aller Welt sollte ich es anfangen?" stotterte ich endlich mühsam heraus. „Nun, nun", unterbrach mich der Baron, „Sie haben es mit keiner gefährlichen Patientin zu tun. Ich nehme jetzt ausdrücklich Ihre Kunst in Anspruch. Die Baronin ist nun einmal hereingezogen in den Zauberkreis Ihrer Musik, und sie plötzlich herauszureißen würde töricht und grausam sein. Setzen Sie die Musik fort. Sie werden zur Abendstunde in den Zimmern meiner Frau jedesmal willkommen sein. Aber gehen Sie nach und nach über zu kräftigerer Musik, verbinden Sie geschickt das Heitere mit dem Ernsten – und dann, vor allen Dingen, wiederholen Sie die Erzählung von dem unheimlichen Spuk recht oft. Die Baronin gewöhnt sich daran, sie vergißt, daß der Spuk hier in diesen Mauern hauset, und die Geschichte wirkt nicht stärker auf sie als jedes andere Zaubermärchen, das in irgendeinem Roman, in irgendeinem Gespensterbuch ihr aufgetischt worden. Das tun sie, lieber Freund!" Mit diesen Worten entließ mich der Baron. – Ich ging – ich war vernichtet in meinem eignen Innern, herabgesunken zum bedeutungslosen, törichten Kinde! Ich Wahnsinniger, der ich glaubte, Eifersucht könne sich in seiner Brust regen; er selbst schickt mich zu Seraphinen, er selbst sieht in mir nur das willenlose Mittel, das er braucht und wegwirft, wie es ihm beliebt! – Vor wenigen Minuten fürchtete ich den Baron, es lag in mir tief im Hintergrunde verborgen das Bewußtsein der Schuld, aber diese Schuld ließ mich das höhere, herrliche Leben deutlich fühlen, dem ich zugereift; nun war alles versunken in schwarze Nacht, und ich sah nur den albernen Knaben, der in kindischer Verkehrtheit die papierne Krone, die er sich auf den heißen Kopf stülpte, für echtes Gold gehalten. – Ich eilte zum Alten, der schon auf mich wartete. „Nun, Vetter, wo bleibst du denn, wo bleibst du denn?" rief er mir entgegen. „Ich habe mit dem Baron gesprochen", warf ich schnell und leise hin, ohne den Alten anschauen zu können. „Tausendsapperlot!" – sprach der Alte wie verwundert, „tausendsapperlot, dacht ich's doch gleich! – der Baron hat dich gewiß herausgefordert, Vetter?" – Das schallende Gelächter, das der Alte gleich hinterher aufschlug, bewies mir, daß er auch dieses Mal, wie immer, ganz und gar mich durchschaute. – Ich biß die Zähne zusammen – ich mochte kein Wort erwidern, denn wohl wußt ich, daß es dessen nur bedurfte, um sogleich von den tausend Neckereien überschüttet zu werden, die schon auf des Alten Lippen schwebten.

Die Baronin kam zur Tafel im zierlichen Morgenkleide, das, blendend weiß, frisch gefallenen Schnee besiegte. Sie sah matt aus und abgespannt, doch als sie nun, leise und melodisch sprechend, die dunklen Augen erhob, da blitzte süßes, sehnsüchtiges Verlangen aus düsterer Glut, und ein flüchtiges Rot überflog das lilienblasse Antlitz. Sie war schöner als jemals. – Wer ermißt die Torheiten eines Jünglings mit zu heißem Blut im Kopf und Herzen! – Den bittern Groll, den der Baron in mir aufgeregt, trug ich über auf die Baronin. Alles erschien mir wie eine heillose Mystifikation, und nun wollt ich beweisen, daß ich gar sehr bei vollem Verstande sei und über die Maßen scharfsichtig. – Wie ein schmollendes Kind vermied ich die Baronin und entschlüpfte der mich verfolgenden Adelheid, so daß ich, wie ich gewollt, ganz am Ende der Tafel zwischen den beiden Offizieren meinen Platz fand, mit denen ich wacker zu zechen begann. Beim Nachtisch stießen wir fleißig die Gläser zusammen, und, wie es in solcher Stimmung zu geschehen pflegt, ich war ungewöhnlich laut und lustig. Ein Bedienter hielt mir einen Teller hin, auf dem einige Bonbons lagen, mit den Worten: „Von Fräulein Adelheid." Ich nahm und bemerkte bald, daß auf einem der Bonbons mit Silberstift gekritzelt stand: „Und Seraphine?" – Das Blut wallte mir auf in den Adern. Ich schaute hin nach Adelheid, die sah mich an mit überaus schlauer, verschmitzter Miene, nahm das Glas und nickte mir zu mit leisem Kopfnicken. Beinahe willkürlos murmelte ich still: „Seraphine", nahm mein Glas und leerte es mit einem Zuge. Mein Blick flog hin zu ihr, ich gewahrte, daß sie auch in dem Augenblick getrunken hatte und ihr Glas eben hinsetzte – ihre Augen trafen die meinen, und ein schadenfroher Teufel raunte es mir in die Ohren: „Unseliger! – Sie liebt dich doch!" – Einer der Gäste stand auf und brachte, nordischer Sitte gemäß, die Gesundheit der Frau vom Hause aus. – Die Gläser erklangen im lauten Jubel – Entzücken und Verzweiflung spalteten mir das Herz – die Glut des Weins flammte in mir auf, alles drehte sich in Kreisen, es war, als müßte ich vor aller Augen hinstürzen zu ihren Füßen und mein Leben aushauchen! – „Was ist Ihnen, lieber Freund?" Diese Frage meines Nachbars gab mir die Besinnung wieder, aber Seraphine war verschwunden. – Die Tafel wurde aufgehoben. Ich wollte fort, Adelheid hielt mich fest, sie sprach allerlei, ich hörte, ich verstand kein Wort – sie faßte mich bei beiden Händen und rief mir laut lachend etwas in die Ohren. – Wie von der Starrsucht gelähmt, blieb ich stumm und regungslos. Ich weiß nur, daß ich endlich mechanisch ein Glas Likör aus Adelheids Hand nahm und es austrank, daß ich mich einsam in einem Fenster wiederfand, daß ich dann hinausstürzte aus dem Saal, die Treppe hinab, und hinauslief in den Wald. In dichten Flocken fiel der Schnee herab, die Föhren seufzten, vom Sturm bewegt; wie ein Wahnsinniger sprang ich umher in weiten Kreisen und lachte und schrie wild auf: „Schaut zu, schaut zu! – Heisa! der Teufel macht sein Tänzchen mit dem Knaben, der zu speisen gedachte total verbotene Früchte!" – Wer weiß, wie mein tolles Spiel geendet, wenn ich nicht meinen Namen laut in den Wald hineinrufen gehört. Das Wetter hatte nachgelassen, der Mond schien hell durch die zerrissenen Wolken, ich hörte Doggen anschlagen und gewahrte eine finstere Gestalt, die sich mir näherte. Es war der alte Jäger. „Ei, ei, lieber Herr Theodor!" fing er an, „wie haben Sie sich denn verirrt in dem bösen Schneegestöber, der Herr Justitiarius warten auf Sie mit vieler Ungeduld!" – Schweigend folgte ich dem Alten. Ich fand den Großonkel im Gerichtssaal arbeitend. „Das hast du gut gemacht", rief er mir entgegen, „das hast du sehr gut gemacht, daß du ein wenig ins Freie gingst, um dich gehörig abzukühlen. Trinke doch nicht so viel Wein, du bist noch viel zu jung dazu, das taugt nicht." – Ich brachte kein Wort hervor, schweigend setzte ich mich hin an den Schreibtisch. „Aber sage mir nur, lieber Vetter, was wollte denn eigentlich der Baron von dir?" – Ich erzählte alles und schloß damit, daß ich mich nicht hergeben wollte zu der zweifelhaften Kur, die der Baron vorgeschlagen. „Würde auch gar nicht angehen", fiel der Alte mir in die Rede, „denn wir reisen morgen in aller Frühe fort, lieber Vetter!" – Es geschah so, ich sah Seraphinen nicht wieder!

Kaum angekommen in K., klagte der alte Großonkel, daß er mehr als jemals sich von der beschwerlichen Fahrt angegriffen fühle. Sein mürrisches Schweigen, nur unterbrochen von heftigen Ausbrüchen der übelsten Laune, verkündete die Rückkehr seiner podagristischen Zufälle. Eines Tages wurd ich schnell hingerufen, ich fand den Alten, vom Schlage getroffen, sprachlos auf dem Lager, einen zerknitterten Brief in der krampfhaft geschlossenen Hand. Ich erkannte die Schriftzüge des Wirtschaftsinspektors aus R..sitten, doch, von dem tiefsten Schmerz durchdrungen, wagte ich es nicht, den

Brief dem Alten zu entreißen, ich zweifelte nicht an seinem baldigen Tod. Doch noch ehe der Arzt kam, schlugen die Lebenspulse wieder, die wunderbar kräftige Natur des siebzigjährigen Greises widerstand dem tödlichen Anfall, noch desselben Tages erklärte ihn der Arzt außer Gefahr. Der Winter war hartnäckiger als jemals, ihm folgte ein rauher, düsterer Frühling, und so kam es, daß nicht jener Zufall sowohl als das Podagra, von dem bösen Klima wohl gehegt, den Alten für lange Zeit auf das Krankenlager warf. In dieser Zeit beschloß er, sich von jedem Geschäft ganz zurückzuziehen. Er trat seine Justitiariate an andere ab, und so war mir jede Hoffnung verschwunden, jemals wieder nach R..sitten zu kommen. Nur *meine* Pflege litt der Alte, nur von mir verlangte er unterhalten, aufgeheitert zu werden. Aber wenn auch in schmerzlosen Stunden seiner Heiterkeit wiedergekehrt war, wenn es an derben Späßen nicht fehlte, wenn es selbst zu Jagdgeschichten kam und ich jeden Augenblick vermutete, meine Heldentat, wie ich den greulichen Wolf mit dem Jagdmesser erlegte, würde herhalten müssen – niemals – niemals erwähnte er unseres Aufenthalts in R..sitten, und wer mag nicht einsehen, daß ich, aus natürlicher Scheu, mich wohl hütete, ihn geradezu darauf zu bringen. – Meine bittre Sorge, meine stete Mühe um den Alten hatte Seraphinens Bild in den Hintergrund gestellt. Sowie des Alten Krankheit nachließ, gedachte ich lebhafter wieder jenes Moments im Zimmer der Baronin, der mir wie ein leuchtender, auf ewig für mich untergegangener Stern erschien. Ein Ereignis rief allen empfundenen Schmerz hervor, indem es mich zugleich, wie eine Erscheinung aus der Geisterwelt, mit eiskalten Schauern durchbebte! – Als ich nämlich eines Abends die Brieftasche, die ich in R..sitten getragen, öffne, fällt mir aus den aufgeblätterten Papieren eine dunkle, mit einem weißen Bande umschlungene Locke entgegen, die ich augenblicklich für Seraphinens Haar erkenne! Aber als ich das Band näher betrachte, sehe ich deutlich die Spur eines Blutstropfens! – Vielleicht wußte Adelheid in jenen Augenblicken des bewußtlosen Wahnsinns, der mich am letzten Tage ergriffen, mir dies Andenken geschickt zuzustellen, aber warum der Blutstropfe, der mich Entsetzliches ahnen ließ und jenes beinahe zu schäfermäßige Pfand zur schauervollen Mahnung an eine Leidenschaft, die teures Herzblut kosten konnte, hinaufsteigerte? – Das war jenes weiße Band, das mich, zum erstenmal Seraphinen nahe, wie im leichten losen Spiel umflatterte und dem nun die dunkle Macht das Wahrzeichen der Verletzung zum Tode gegeben. Nicht spielen soll der Knabe mit der Waffe, deren Gefährlichkeit er nicht ermißt!

Endlich hatten die Frühlingsstürme zu toben aufgehört, der Sommer behauptete sein Recht, und war erst die Kälte unerträglich, so wurd es nun, als der Julius begonnen, die Hitze. Der Alte erkräftigte sich zusehends und zog, wie er sonst zu tun pflegte, in einen Garten der Vorstadt. An einem stillen lauen Abende saßen wir in der duftenden Jasminlaube, der Alte war ungewöhnlich heiter und dabei nicht, wie sonst, voll sarkastischer Ironie, sondern mild, beinahe weich gestimmt. „Vetter", fing er an, „ich weiß nicht, wie mir heute ist, ein ganz besonderes Wohlsein, wie ich es seit vielen Jahren nicht gefühlt, durchdringt mich mit gleichsam elektrischer Wärme. Ich glaube, das verkündet mir einen baldigen Tod." Ich mühte mich, ihn von dem düstern Gedanken abzubringen. „Laß es gut sein, Vetter", sprach er, „lange bleibe ich nicht mehr hier unten, und da will ich dir noch eine Schuld abtragen! – Denkst du noch an die Herbstzeit in R..sitten?" – Wie ein Blitz durchfuhr mich diese Frage des Alten, noch ehe ich zu antworten vermochte, fuhr er weiter fort: „Der Himmel wollte es, daß du dort auf ganz eigne Weise eintratst und wider deinen Willen eingeflochten wurdest in die tiefsten Geheimnisse des Hauses. Jetzt ist es an der Zeit, daß Du alles erfahren mußt. Oft genug, Vetter! haben wir über Dinge gesprochen, die du mehr ahntest als verstandest. Die Natur stellt den Zyklus des menschlichen Lebens in dem Wechsel der Jahreszeiten symbolisch dar, das sagen sie alle, aber ich meine das auf andere Weise als alle. Die Frühlingsnebel fallen, die Dünste des Sommers verdampfen, und erst des Herbstes reiner Äther zeigt deutlich die ferne Landschaft, bis das Hienieden versinkt in die Nacht des Winters. – Ich meine, daß im Hellsehen des Alters sich deutlicher das Walten der unerforschlichen Macht zeigt. Es sind Blicke vergönnt in das Gelobte Land, zu dem die Pilgerfahrt beginnt mit dem zeitlichen Tode. Wie wird mir in diesem Augenblick so klar das dunkle Verhängnis jenes Hauses, dem ich durch festere Bande, als Verwandtschaft sie zu schlingen vermag, verknüpft wurde. Wie liegt alles so erschlossen vor meines Geistes Augen! – doch, wie ich nun alles so gestaltet vor mir sehe, das Eigentliche, das kann ich nicht mit Worten sagen, keines Menschen Zunge ist dessen fähig. Höre, mein

Sohn, das, was ich dir nur wie eine merkwürdige Geschichte, die sich wohl zutragen konnte, zu erzählen vermag. Bewahre tief in deiner Seele die Erkenntnis, daß die geheimnisvollen Beziehungen, in die du dich vielleicht nicht unberufen wagtest, dich verderben konnten! – doch – das ist nun vorüber!"

Die Geschichte des R..schen Majorats, die der Alte jetzt erzählte, trage ich so treu im Gedächtnis, daß ich sie beinahe mit seinen Worten (er sprach von sich selbst in der dritten Person) zu wiederholen vermag.

In einer stürmischen Herbstnacht des Jahres 1760 weckte ein entsetzlicher Schlag, als falle das ganze weitläuftige Schloß in tausend Trümmer zusammen, das Hausgesinde in R..sitten aus tiefem Schlafe. Im Nu war alles auf den Beinen, Lichter wurden angezündet, Schrecken und Angst im leichenblassen Gesicht, keuchte der Hausverwalter mit den Schlüsseln herbei, aber nicht gering war jedes Erstaunen, als man in tiefer Totenstille, in der das pfeifende Gerassel der mühsam geöffneten Schlösser, jeder Fußtritt recht schauerlich widerhallte, durch unversehrte Gänge, Säle, Zimmer fort und fort wandelte. Nirgends die mindeste Spur irgendeiner Verwüstung. Eine finstere Ahnung erfaßte den alten Hausverwalter. Er schritt hinauf in den großen Rittersaal, in dessen Seitenkabinett der Freiherr Roderich von R. zu ruhen pflegte, wenn er astronomische Beobachtungen angestellt. Eine zwischen der Tür dieses und eines andern Kabinetts angebrachte Pforte führte durch einen engen Gang unmittelbar in den astronomischen Turm. Aber sowie Daniel (so war der Hausverwalter geheißen) diese Pforte öffnete, warf ihm der Sturm, abscheulich heulend und sausend, Schutt und zerbröckelte Mauersteine entgegen, so daß er von Entsetzen weit zurückprallte und, indem er den Leuchter, dessen Kerzen prasselnd verlöschten, an die Erde fallen ließ, laut aufschrie: „O Herr des Himmels! der Baron ist jämmerlich zerschmettert!" – In dem Augenlick ließen sich Klagelaute vernehmen, die aus dem Schlafkabinett des Freiherrn kamen. Daniel fand die übrigen Diener um den Leichnam ihres Herrn versammelt. Vollkommen und reicher gekleidet als jemals, ruhigen Ernst im unentstellten Gesichte, fanden sie ihn sitzend in dem großen, reich verzierten Lehnstuhle, als ruhe er aus von gewichtiger Arbeit. Es war aber der Tod, in dem er ausruhte. Als es Tag geworden, gewahrte man, daß die Krone des Turms in sich eingestürzt. Die großen Quadersteine hatten Decke und Fußboden des astronomischen Zimmers eingeschlagen, nebst den nun voranstürzenden mächtigen Balken mit gedoppelter Kraft des Falles das untere Gewölbe durchbrochen und einen Teil der Schloßmauer und des engen Ganges mit fortgerissen. Nicht einen Schritt durch die Pforte des Saals durfte man tun, ohne Gefahr, wenigstens achtzig Fuß hinabzustürzen in tiefe Gruft.

Der alte Freiherr hatte seinen Tod bis auf die Stunde vorausgesehen und seine Söhne davon benachrichtigt. So geschah es, daß gleich folgenden Tages Wolfgang Freiherr von R., ältester Sohn des Verstorbenen, mithin Majoratsherr, eintraf. Auf die Ahnung des alten Vaters wohl bauend, hatte er, sowie er den verhängnisvollen Brief erhalten, sogleich Wien, wo er auf der Reise sich gerade befand, verlassen und war, so schnell es nur gehen wollte, nach R..sitten geeilt. Der Hausverwalter hatte den großen Saal schwarz ausschlagen und den alten Freiherrn in den Kleidern, wie man ihn gefunden, auf ein prächtiges Paradebette, das hohe silberne Leuchter mit brennenden Kerzen umgaben, legen lassen. Schweigend schritt Wolfgang die Treppe herauf, in den Saal hinein und dicht hinan an die Leiche des Vaters. Da blieb er mit über die Brust verschränkten Armen stehen und schaute starr und düster, mit zusammengezogenen Augenbrauen, dem Vater ins bleiche Antlitz. Er glich einer Bildsäule, keine Träne kam in seine Augen. Endlich, mit einer beinahe krampfhaften Bewegung, den rechten Arm hin nach der Leiche zuckend, murmelte er dumpf: „Zwangen dich die Gestirne, den Sohn, den du liebtest, elend zu machen?" – Die Hände zurückgeworfen, einen kleinen Schritt hinter sich getreten, warf nun der Baron den Blick in die Höhe und sprach mit gesenkter, beinahe weicher Stimme: „Armer, betörter Greis! Das Fastnachtsspiel mit seinen läppischen Täuschungen ist nun vorüber! – Nun magst du erkennen, daß das kärglich zugemessene Besitztum hienieden nichts gemein hat mit dem jenseits über den Sternen. – Welcher Wille, welche Kraft reicht hinaus über das Grab?" – Wieder schwieg der Baron einige Sekunden – dann rief er heftig: „Nein, nicht ein Quentlein meines Erdenglücks, das du zu vernichten trachtetest, soll mir dein Starrsinn rauben", und damit riß er ein zusammengelegtes Papier aus der Tasche und hielt es zwischen zwei Fingern hoch empor an eine dicht bei der Leiche stehende brennende Kerze. Das Papier, von der Kerze ergriffen, flackerte hoch auf, und als der Widerschein der Flamme auf dem Gesicht des Leichnams hin und her zuckte und spielte, war es, als rührten sich die Muskeln und der Alte spräche tonlose Worte, so daß der entfernt stehenden Dienerschaft tiefes Grauen und Entsetzen ankam. Der Baron vollendete sein Geschäft mit Ruhe, indem er das letzte Stückchen Papier, das er flammend zu Boden fallen lassen, mit dem Fuße sorglich austrat. Dann warf er noch einen düstern Blick auf den Vater und eilte mit schnellen Schritten zum Saal hinaus.

Andern Tages machte Daniel den Freiherrn mit der neuerlich geschehenen Verwüstung des Turms bekannt und schilderte mit vielen Worten, wie sich überhaupt alles in der Todesnacht des alten seligen Herrn zugetragen, indem er damit endete, daß es wohl geraten sein würde, sogleich den Turm herstellen zu lassen, da, stürze noch mehr zusammen, das ganze Schloß in Gefahr stehe, wo nicht zertrümmert, doch hart beschädigt zu werden.

„Den Turm herstellen?" fuhr der Freiherr den alten Diener, funkelnden Zorn in den Augen, an, „den Turm herstellen? – Nimmermehr! – Merkst du denn nicht", fuhr er dann gelassener fort, „merkst du denn nicht, Alter, daß der Turm nicht so, ohne weitern Anlaß, einstürzen konnte? – Wie, wenn mein Vater selbst die Vernichtung des Orts, wo er seine unheimliche Sterndeuterei trieb, gewünscht, wie, wenn er selbst gewisse Vorrichtungen getroffen hätte, die es ihm möglich machten, die Krone des Turms, wenn er wollte, einstürzen und so das Innere des Turms zerschmettern zu lassen? Doch dem sei, wie ihm wolle, und mag auch das Schloß zusammenstürzen, mir ist es recht. Glaubt ihr denn, daß ich in dem abenteuerlichen Eulenneste hier hausen werde? – Nein! jener kluge Ahnherr, der in dem schönen Talgrunde die Fundamente zu einem neuen Schloß legen ließ, der hat mir vorgearbeitet, dem will ich folgen." – „Und so werden", sprach Daniel kleinlaut, „dann auch wohl die alten treuen Diener den Wanderstab zur Hand nehmen müssen." – „Daß ich", erwiderte der Freiherr, „mich nicht von unbehülflichen schlotterbeinichten Greisen bedienen lassen werde, versteht sich von selbst, aber verstoßen werde ich keinen. Arbeitslos soll euch das Gnadenbrot gut genug schmecken." – „Mich", rief der Alte voller Schmerz, „mich, den Hausverwalter, so außer Aktivität –" Da wandte der Freiherr, der, dem Alten den Rücken gekehrt, im Begriff stand, den Saal zu verlassen, sich plötzlich um, blutrot im ganzen Gesichte vor Zorn, die geballte Faust vorgestreckt, schritt er auf den Alten zu und schrie mit fürchterlicher Stimme: „Dich, du alter heuchlerischer Schurke, der du mit dem alten Vater das unheimliche Wesen triebst dort oben, der du dich wie ein Vampir an sein Herz legtest, der vielleicht des Alten Wahnsinn verbrecherisch nütztest, um in ihm die höllischen Entschlüsse zu erzeugen, die mich an den Rand des Abgrunds brachten – dich sollte ich hinausstoßen wie einen räudigen Hund!" – Der Alte war vor Schreck über diese entsetzlichen Reden dicht neben dem Freiherrn auf beide Knie gesunken, und so mochte es geschehen, daß dieser, indem er vielleicht unwillkürlich, wie denn im Zorn oft der Körper dem Gedanken mechanisch folgt und das Gedachte mimisch ausführt, bei den letzten Worten den rechten Fuß vorschleuderte, den Alten so hart an der Brust traf, daß er mit einem dumpfen Schrei umstürzte. Er raffte sich mühsam in die Höhe, und indem er einen sonderbaren Laut, gleich dem heulenden Gewimmer eines auf den Tod wunden Tieres, ausstieß, durchbohrte er den Freiherrn mit einem Blick, in dem Wut und Verzweiflung glühten. Den Beutel mit Geld, den ihm der Freiherr im Davonschreiten zugeworfen, ließ er unberührt auf dem Fußboden liegen.

Unterdessen hatten sich die in der Gegend befindlichen nächsten Verwandten des Hauses eingefunden, mit vielem Prunk wurde der alte Freiherr in der Familiengruft, die in der Kirche von R..sitten befindlich, beigesetzt, und nun, da die geladenen Gäste sich wieder entfernt, schien der neue Majoratsherr, von der düstern Stimmung verlassen, sich des erworbenen Besitztums recht zu erfreuen. Mit V., dem Justitiarius des alten Freiherrn, dem er gleich, nachdem er ihn nur gesprochen, sein volles Vertrauen schenkte und ihn in seinem Amt bestätigte, hielt er genaue Rechnung über die Einkünfte des Majorats und überlegte, wieviel davon verwandt werden könne zu Verbesserungen und zum Aufbau eines neuen Schlosses. V. meinte, daß der alte Freiherr unmöglich seine jährlichen Einkünfte aufgezehrt haben könne, und daß, da sich unter den Briefschaften nur ein paar unbedeutende Kapitalien in Bankoscheinen befanden und die in einem eisernen Kasten befindliche bare Summe tausend Taler nur um weniges überstiege, gewiß irgendwo noch Geld verborgen sein müsse. Wer anders konnte davon unterrichtet sein als Daniel, der, störrisch und eigensinnig, wie er war, vielleicht nur darauf wartete, daß man ihn darum befrage. Der Baron war nicht wenig besorgt, daß Daniel, den er schwer beleidigt, nun nicht sowohl aus Eigennutz, denn was konnte ihm, dem kinderlosen Greise, der im Stammschlosse R..sitten sein Leben zu enden wünschte, die größte Summe Geldes helfen, als vielmehr, um Rache zu nehmen für den erlittenen Schimpf, irgendwo versteckte Schätze lieber vermodern lassen, als ihm entdecken werde. Er erzählte V. den ganzen Vorfall mit Daniel umständlich und schloß damit, daß nach mehreren Nachrichten, die ihm zugekommen, Daniel allein es gewesen sei, der in dem alten Freiherrn einen unerklärlichen Abscheu, seine Söhne in R..sitten wiederzusehen, zu nähren gewußt habe. Der Justitiarius erklärte diese Nachrichten durchaus für falsch, da kein menschliches Wesen auf der Welt imstande gewesen sei, des alten Freiherrn Entschlüsse nur einigermaßen zu lenken, viel weniger zu bestimmen, und übernahm es übrigens, dem Daniel das Geheimnis wegen irgend in einem verborgenen Winkel aufbewahrten Geldes zu entlocken. Es bedurfte dessen gar nicht, denn kaum fing der Justitiarius an: „Aber wie kommt es denn, Daniel, daß der alte Herr so wenig bares Geld hinterlassen?", so erwiderte Daniel mit widrigem Lächeln: „Meinen Sie die lumpigten paar Taler, Herr Justitiarius, die Sie in dem kleinen Kästchen fanden? – das übrige liegt ja im Gewölbe neben dem Schlafkabinett des alten gnädigen Herrn! – Aber das Beste", fuhr er dann fort, indem sein Lächeln sich zum abscheulichen Grinsen verzog und blutrotes Feuer in seinen Augen funkelte, „aber das Beste, viele tausend Goldstücke, liegen da unten im Schutt vergraben!" – Der Justitiarius rief sogleich den Freiherrn herbei, man begab sich in das Schlafkabinett, in einer Ecke desselben rückte Daniel an dem Getäfel der Wand, und ein Schloß wurde sichtbar. Indem der Freiherr das Schloß mit gierigen Blicken anstarrte, dann aber Anstalt machte, die Schlüssel, welche an dem großen Bunde hingen, den er mit vielem Geklapper mühsam aus der Tasche gezerrt, an dem glänzenden Schlosse zu versuchen, stand Daniel da, hoch aufgerichtet und wie mit hämischem Stolz herabblickend auf den Freiherrn, der sich niedergebückt hatte, um das Schloß besser in Augenschein zu nehmen. Den Tod im Antlitz, mit bebender Stimme sprach er dann: „Bin ich ein Hund, hochgnädiger Freiherr! – so bewahr ich auch in mir des Hundes Treue." Damit reichte er dem Baron einen blanken stählernen Schlüssel hin, den ihm dieser mit hastiger Begier aus der Hand riß und die Tür mit leichter Mühe öffnete. Man trat in ein kleines, niedriges Gewölbe, in welchem eine große eiserne Truhe mit geöffnetem Deckel stand. Auf den vielen Geldsäcken lag ein Zettel. Der alte Freiherr hatte mit seinen wohlbekannten großen altväterischen Schriftzügen darauf geschrieben:

„Einmal hundertundfünfzigtausend Reichstaler in alten Friedrichsdor erspartes Geld von den Einkünften des Majoratsgutes R..sitten, und ist diese Summe bestimmt zum Bau des Schlosses. Es soll ferner der Majoratsherr, der mir folgt im Besitztum, von diesem Gelde auf dem höchsten Hügel, östlich gelegen dem alten Schloßturm, den er eingestürzt finden wird, einen hohen Leuchtturm zum Besten der Seefahrer aufführen und allnächtlich feuern lassen.

R..sitten in der Michaelisnacht des Jahres 1760.

Roderich Freiherr von R. "

Erst als der Freiherr die Beutel, einen nach dem andern, gehoben und wieder in den Kasten fallen lassen, sich ergötzend an dem klirrenden Klingen des Goldes, wandte er sich rasch zu dem alten Hausverwalter, dankte ihm für die bewiesene Treue und versicherte, daß nur verleumderische Klätschereien schuld daran wären, daß er ihm anfangs übel begegnet. Nicht allein im Schlosse, sondern in vollem Dienst als Hausverwalter, mit verdoppeltem Gehalt, solle er bleiben. „Ich bin dir volle Entschädigung schuldig, willst du Gold, so nimm dir einen von jenen Beuteln!" – So schloß der Freiherr seine Rede, indem er mit niedergeschlagenen Augen, vor dem Alten stehend, mit der Hand nach dem Kasten hinzeigte, an den er nun aber noch einmal hintrat und die Beutel musterte. Dem Hausverwalter trat plötzlich glühende Röte ins Gesicht, und er stieß einen entsetzlichen, dem heulenden Gewimmer eines auf den Tod wunden Tiers ähnlichen Laut aus, wie ihn der Freiherr dem Jutistitiarius beschrieben. Dieser erbebte, denn was der Alte nun zwischen den Zähnen murmelte, klang wie: „Blut für Gold!" Der Freiherr, vertieft in den Anblick des Schatzes, hatte von allem nicht das mindeste bemerkt; Daniel, den es wie im krampfigen Fieberfrost durch alle Glieder geschüttelt, nahte sich mit gebeugtem Haupt in demütiger Stellung dem Freiherrn, küßte ihm die Hand und sprach mit weinerlicher Stimme, indem er mit dem Taschentuch sich über die Augen fuhr, als ob er Tränen wegwische: „Ach, mein lieber gnädiger Herr, was soll ich armer, kinderloser Greis mit dem Golde? – aber das doppelte Gehalt, das nehme ich an mit Freuden, und will mein Amt verwalten rüstig und unverdrossen!"

Der Freiherr, der nicht sonderlich auf die Worte des Alten geachtet, ließ nun den schweren Deckel der Truhe zufallen, daß das ganze Gewölbe krachte und dröhnte, und sprach dann, indem er die Truhe verschloß und die Schlüssel sorgfältig auszog, schnell hingeworfen: „Schon gut, schon gut Alter! – Aber du hast noch", fuhr er fort, nachdem sie schon in den Saal getreten waren, „aber du hast noch von vielen Goldstücken gesprochen, die unten im zerstörten Turm liegen sollen?" Der Alte trat schweigend an die Pforte und schloß sie mit Mühe auf. Aber sowie er die Flügel aufriß, trieb der Sturm dickes Schneegestöber in den Saal; aufgescheucht flatterte ein Rabe kreischend und krächzend umher, schlug mit schwarzen Schwingen gegen die Fenster und stürzte sich, als er die offene Pforte wiedergewonnen, in den Abgrund. Der Freiherr trat hinaus in den Korridor, bebte aber zurück, als er kaum einen Blick in die Tiefe geworfen. „Abscheulicher Anblick – Schwindel", stotterte er und sank wie ohnmächtig dem Justitiarius in die Arme. Er raffte sich jedoch gleich wieder zusammen und frug, den Alten mit scharfen Blicken erfassend: „Und da unten?" – Der Alte hatte indessen die Pforte wieder verschlossen, er drückte nun noch mit ganzer Leibeskraft dagegen, so daß er keuchte und ächzte, um nur die großen Schlüssel aus den ganz verrosteten Schlössern loswinden zu können. Dies endlich zustande gebracht, wandte er sich um nach dem Baron und sprach, die großen Schlüssel in der Hand hin und her schiebend, mit seltsamen Lächeln: „Ja, da unten liegen tausend und tausend – alle schönen Instrumente des seligen Herrn – Teleskope, Quadranten – Globen – Nachtspiegel – alles liegt zertrümmert im Schutt zwischen den Steinen und Balken!" – „Aber bares Geld, bares Geld", fiel der Freiherr ein, „du hast von Goldstücken gesprochen, Alter?" – „Ich meine nur", erwiderte der Alte, „Sachen, welche viele tausend Goldstücke gekostet." – Mehr war aus dem Alten nicht herauszubringen.

Der Baron zeigte sich hoch erfreut, nun mit einemmal zu allen Mitteln gelangt zu sein, deren er bedurfte, seinen Lieblingsplan ausführen, nämlich ein neues prächtiges Schloß aufbauen zu können. Zwar meinte der Justitiarius, daß nach dem Willen des Verstorbenen nur von der Reparatur, von dem völligen Ausbau des alten Schlosses die Rede sein könne und daß in der Tat jeder neue Bau schwerlich die ehrwürdige Größe, den ernsten einfachen Charakter des alten Stammhauses erreichen werde, der Freiherr blieb aber bei seinem Vorsatz und meinte, daß in solchen Verfügungen, die nicht durch die Stiftungsurkunde sanktioniert worden, der tote [Wille des Dahingeschiedenen weichen müsse. Er gab dabei zu verstehen, daß es seine Pflicht sei, den Aufenthalt in R..sitten so zu verschönern, als es nur Klima, Boden und Umgebung zulasse, da er gedenke, in kurzer Zeit als sein innig geliebtes Weib ein Wesen heimzuführen, die in jeder Hinsicht der größten Opfer würdig sei.

Die geheimnisvolle Art, wie der Freiherr sich über das vielleicht schon insgeheim geschlossene Bündnis äußerte, schnitt dem Justitiarius jede weitere Frage ab, indessen fand er sich durch die Entscheidung des Freiherrn insofern beruhigt, als er wirklich in seinem Streben nach Reichtum mehr die Begier, eine geliebte Person das schönere Vaterland, dem sie entsagen mußte, ganz vergessen zu lassen, als eigentlichen Geiz finden wollte. Für geizig, wenigstens für unausstehlich habsüchtig mußte er sonst den Baron halten, der, im Golde wühlend, die alten Friedrichsdor beäugelnd, sich nicht enthalten konnte, mürrisch aufzufahren: „Der alte Halunke hat uns gewiß den reichsten Schatz verschwiegen, aber künftigen Frühling laß ich den Turm ausräumen unter meinen Augen."

Baumeister kamen, mit denen der Freiherr weitläufig überlegte, wie mit dem Bau am zweckmäßigsten zu verfahren sei. Er verwarf Zeichnung auf Zeichnung, keine

Architektur war ihm reich, großartig genug. Nun fing er an, selbst zu zeichnen, und aufgeheitert durch diese Beschäftigungen, die ihm beständig das sonnenhelle Bild der glücklichsten Zukunft vor Augen stellten, erfaßte ihn eine frohe Laune, die oft an Ausgelassenheit anstreifte und die er allen mitzuteilen wußte. Seine Freigebigkeit, die Opulenz seiner Bewirtung widerlegte wenigstens jeden Verdacht des Geizes. Auch Daniel schien nun ganz jenen Tort, der ihm geschehen, vergessen zu haben. Er betrug sich still und demütig gegen den Freiherrn, der ihn, des Schatzes in der Tiefe halber, oft mit mißtrauischen Blicken verfolgte. Was aber allen wunderbar vorkam, war, daß der Alte sich zu verjüngen schien von Tage zu Tage. Es mochte sein, daß ihn der Schmerz um den alten Herrn tief gebeugt hatte und er nun den Verlust zu verschmerzen begann, wohl aber auch, daß er nun nicht, wie sonst, kalte Nächte schlaflos auf dem Turm zubringen und bessere Kost, guten Wein, wie es ihm gefiel, genießen durfte, genug, aus dem Greise schien ein rüstiger Mann werden zu wollen mit roten Wangen und wohlgenährtem Körper, der kräftig auftrat und mit lauter Stimme mitlachte, wo es einen Spaß gab. – Das lustige Leben in R..sitten wurde durch die Ankunft eines Mannes unterbrochen, von dem man hätte denken sollen, er gehöre nun gerade hin. Wolfgangs jüngerer Bruder Hubert war dieser Mann, bei dessen Anblick Wolfgang, im Antlitz den bleichen Tod, laut aufschrie: „Unglücklicher, was willst du hier!" – Hubert stürzte dem Bruder in die Arme, dieser faßte ihn aber und zog ihn mit sich fort und hinauf in ein entferntes Zimmer, wo er sich mit ihm einschloß. Mehrere Stunden blieben beide zusammen, bis endlich Hubert herabkam mit verstörtem Wesen und nach seinen Pferden rief. Der Justitiarius trat ihm in den Weg, er wollte vorüber; V., von der Ahnung ergriffen, daß vielleicht gerade hier ein tödlicher Bruderzwist enden könne, bat ihn, wenigstens ein paar Stunden zu verweilen, und in dem Augenblick kam auch der Freiherr herab, laut rufend: „Bleibe hier, Hubert! – Du wirst dich besinnen!" – Huberts Blicke heiterten sich auf, er gewann Fassung, und indem er den reichen Leibpelz, den er schnell abgezogen, hinter sich dem Bedienten zuwarf, nahm er V-s Hand und sprach, mit ihm in die Zimmer schreitend, mit einem verhöhnenden Lächeln: „Der Majoratsherr will mich doch also hier leiden." V. meinte, daß gewiß sich jetzt das unglückliche Mißverständnis lösen werde, welches nur bei getrenntem Leben habe gedeihen können.

Hubert nahm die stählerne Zange, die beim Kamin stand, zur Hand, und indem er damit ein astiges, dampfendes Stück Holz auseinanderklopfte und das Feuer besser aufschürte, sprach er zu V.: „Sie merken, Herr Justitiarius, daß ich ein gutmütiger Mensch bin und geschickt zu allerlei häuslichen Diensten. Aber Wolfgang ist voll der wunderlichsten Vorurteile und – ein kleiner Geizhals." – V. fand es nicht geraten, weiter in das Verhältnis der Brüder einzudringen, zumal Wolfgangs Gesicht, sein Benehmen, sein Ton den durch Leidenschaften jeder Art im Innersten zerrissenen Menschen ganz deutlich zeigte.

Um des Freiherrn Entschlüsse in irgendeiner das Majorat betreffenden Angelegenheit zu vernehmen, ging V. noch am späten Abend hinauf in sein Gemach. Er fand ihn, wie er, die Arme über den Rücken zusammengeschränkt, ganz verstört mit großen Schritten das Zimmer maß. Er blieb stehen, als er endlich den Justitiarius erblickte, faßte seine beiden Hände, und düster ihm ins Auge schauend, sprach er mit gebrochener Stimme: „Mein Bruder ist gekommen! – Ich weiß", fuhr er fort, als V. kaum den Mund zur Frage geöffnet, „ich weiß, was Sie sagen wollen. Ach, Sie wissen nichts. Sie wissen nicht, daß mein unglücklicher Bruder – ja, unglücklich nur will ich ihn nennen –, daß er wie ein böser Geist mir überall in den Weg tritt und meinen Frieden stört. An ihm liegt es nicht, daß ich nicht unaussprechlich elend wurde, er tat das Seinige dazu, doch der Himmel wollt es nicht. – Seit der Zeit, daß die Stiftung des Majorats bekannt wurde, verfolgt er mich mit tödlichem Haß. Er beneidet mich um das Besitztum, das in seinen Händen wie Spreu verflogen wäre. Er ist der wahnsinnigste Verschwender, den es gibt. Seine Schuldenlast übersteigt bei weitem die Hälfte des freien Vermögens in Kurland, die ihm zufällt, und nun, verfolgt von Gläubigern, die ihn quälen, eilt er her und bettelt um Geld." – „Und Sie, der Bruder, verweigern" – wollte ihm V. in die Rede fallen, doch der Freiherr rief, indem er V-s Hände fahrenließ und einen starken Schritt zurück trat, laut und heftig: „Halten Sie ein! – ja! ich verweigere! Von den Einkünften des Majorats kann und werde ich keinen Taler verschenken! – Aber hören Sie, welchen Vorschlag ich dem Unsinnigen vor wenigen Stunden vergebens machte, und dann richten Sie über mein Pflichtgefühl. Das freie Vermögen in Kurland ist, wie Sie wissen, bedeutend, auf die mir zufallende Hälfte wollt ich verzichten, aber zugunsten seiner Familie. Hubert ist verheiratet in Kurland an ein schönes armes Fräulein. Sie hat ihm Kinder erzeugt und darbt mit ihnen. Die Güter sollten administriert, aus den Revenüen ihm die nötigen Gelder zum Unterhalt angewiesen, die Gläubiger, vermöge Abkommens, befriedigt werden. Aber was gilt ihm ein ruhiges, sorgenfreies Leben, was gilt ihm Frau und Kind! – Geld, bares Geld in großen Summen will er haben, damit er in verruchtem Leichtsinn es verprassen könne! – Welcher Dämon hat ihm das Geheimnis mit den einhundertundfunfzigtausend Talern verraten, davon verlangt er die Hälfte nach seiner wahnsinnigen Weise, behauptend, dies Geld sei, getrennt vom Majorat, als freies Vermögen zu achten. – Ich muß und werde ihm dies verweigern, aber mir ahnt es, mein Verderben brütet er aus im Innern!" – Sosehr V. sich auch bemühte, dem Freiherrn den Verdacht wider seinen Bruder auszureden, wobei er sich freilich, uneingeweiht in die näheren Verhältnisse, mit ganz allgemeinen moralischen, ziemlich flachen Gründen behelfen mußte, so gelang ihm dies doch ganz und gar nicht. Der Freiherr gab ihm den Auftrag, mit dem feindseligen geldgierigen Hubert zu unterhandeln. V. tat dies mit so viel Vorsicht, als ihm nur möglich war, und freute sich nicht wenig, als Hubert endlich erklärte: „Mag es dann sein, ich nehme die Vorschläge des Majoratsherrn an, doch unter der Bedingung, daß er mir jetzt, da ich auf dem Punkt stehe, durch die Härte meiner Gläubiger Ehre und guten Namen auf immer zu verlieren, tausend Friedrichsdor bar vorschieße und erlaube, daß ich künftig, wenigstens einige Zeit hindurch, meinen Wohnsitz in dem schönen R..sitten bei dem gütigen Bruder nehme." – „Nimmermehr!" schrie der Freiherr auf, als ihm V. diese Vorschläge des Bruders hinterbrachte, „nimmermehr werde ich's zugeben, daß Hubert auch nur eine Minute in meinem Hause verweile, sobald ich mein Weib hergebracht! – Gehen Sie, mein teurer Freund, sagen Sie dem Friedenstörer, daß er zweitausend Friedrichsdor haben soll, nicht als Vorschuß, nein, als Geschenk, nur fort – fort!" V. wußte nun mit einemmal, daß der Freiherr sich ohne Wissen des Vaters schon verheiratet hatte und daß in dieser Heirat auch der Grund des Bruderzwistes liegen mußte. Hubert hörte stolz und gelassen den Justitiarius an und sprach, nachdem er geendet, dumpf und düster: „Ich werde mich besinnen, vorderhand aber noch einige Tage hierbleiben!" V. bemühte sich, dem Unzufriedenen darzutun, daß der Freiherr doch in der Tat alles tue, ihn, durch die Abtretung des freien Vermögens, soviel als möglich zu entschädigen, und daß er über ihn sich durchaus nicht zu beklagen habe, wenn er gleich bekennen müsse, daß jede Stiftung, die den Erstgeborenen so vorwiegend begünstige und die andern Kinder in den Hintergrund stelle, etwas Gehässiges habe. Hubert riß, wie einer, der Luft machen will der beklemmten Brust, die Weste von oben bis unten auf; die eine Hand in die offne Busenkrause begraben, die andere in die Seite gestemmt, drehte er sich mit einer raschen Tänzerbewegung auf einem Fuße um und rief mit schneidender Stimme: „Pah! – das Gehässige wird geboren vom Haß" – dann schlug er ein gellendes Gelächter auf und sprach: „Wie gnädig doch der Majoratsherr dem armen Bettler seine Goldstücke zuzuwerfen gedenkt." – V. sah nun wohl ein, daß von völliger Aussöhnung der Brüder gar nicht die Rede sein könne.

Hubert richtete sich in den Zimmern, die ihm in den Seitenflügeln des Schlosses angewiesen worden, zu des Freiherrn Verdruß auf recht langes Bleiben ein. Man bemerkte, daß er oft und lange mit dem Hausverwalter sprach, ja daß dieser sogar zuweilen mit ihm auf die Wolfsjagd zog. Sonst ließ er sich wenig sehen und mied es ganz, mit dem Bruder allein zusammenzukommen, welches diesem eben ganz recht war. V. fühlte das Drückende dieses Verhältnisses, ja er mußte sich es selbst gestehen, daß die ganz besondere unheimliche Manier Huberts in allem, was er sprach und tat, alle Lust recht geflissentlich zerstörend, eingriff. Jener Schreck des Freiherrn, als er den Bruder eintreten sah, war ihm nun ganz erklärlich.

V. saß allein in der Gerichtsstube unter den Akten, als Hubert eintrat, ernster, gelassener als sonst, und mit beinahe wehmütiger Stimme sprach: „Ich nehme auch die letzten Vorschläge des Bruders an, bewirken Sie, daß ich die zweitausend Friedrichsdor noch heute erhalte, in der Nacht will ich fort – zu Pferde – ganz allein!" – „Mit dem Gelde?" frug V. – „Sie haben recht", erwiderte Hubert, „ich weiß, was Sie sagen wollen – die Last! – Stellen sie es in Wechsel auf Isak Lazarus in K.! – Noch in dieser Nacht will ich hin nach K. Es treibt mich von hier fort, der Alte hat seine bösen Geister hier hineingehext!" – „Sprechen Sie von Ihrem Vater, Herr Baron?" frug V. sehr ernst.

Huberts Lippen bebten, er hielt sich an dem Stuhl fest, um nicht umzusinken, dann aber, sich plötzlich ermannend, rief er: „Also noch heute, Herr Justitiarius", und wankte, nicht ohne Anstrengung, zur Tür hinaus. „Er sieht jetzt ein, daß keine Täuschungen mehr möglich sind, daß er nichts vermag gegen meinen festen Willen", sprach der Freiherr, indem er den Wechsel auf Isak Lazarus in K. ausstellte. Eine Last wurde seiner Brust entnommen durch die Abreise des feindlichen Bruders, lange war er nicht so froh gewesen als bei der Abendtafel. Hubert hatte sich entschuldigen lassen, alle vermißten ihn recht gern. V. wohnte in einem etwas abgelegenen Zimmer, dessen Fenster nach dem Schloßhofe herausgingen. In der Nacht fuhr er plötzlich auf aus dem Schlafe, und es war ihm, als habe ein fernes, klägliches Wimmern ihn aus dem Schlafe geweckt. Mochte er aber auch horchen, wie er wollte, es blieb alles totenstill, und so mußte er jenen Ton, der ihm in die Ohren geklungen, für die Täuschung eines Traums halten. Ein ganz besonderes Gefühl von Grauen und Angst bemächtigte sich seiner aber so ganz und gar, daß er nicht im Bette bleiben konnte. Er stand auf und trat ans Fenster. Nicht lange dauerte es, so wurde das Schloßtor geöffnet, und eine Gestalt, mit einer brennenden Kerze in der Hand, trat heraus und schritt über den Schloßhof. V. erkannte in der Gestalt den alten Daniel und sah, wie er die Stalltür öffnete, in den Stall hineinging und bald darauf ein gesatteltes Pferd herausbrachte. Nun trat aus der Finsternis eine zweite Gestalt hervor, wohl eingehüllt in einen Pelz, eine Fuchsmütze auf dem Kopf. V. erkannte Hubert, der mit Daniel einige Minuten hindurch heftig sprach, dann aber sich zurückzog. Daniel führte das Pferd wieder in den Stall, verschloß diesen und ebenso die Tür des Schlosses, nachdem er über den Hof, wie er gekommen, zurückgekehrt. – Hubert hatte wegreisen wollen und sich in dem Augenblick eines andern besonnen, das war nun klar. Ebenso aber auch, daß Hubert gewiß mit dem alten Hausverwalter in irgendeinem gefährlichen Bündnisse stand. V. konnte kaum den Morgen erwarten, um den Freiherrn von den Ereignissen der Nacht zu unterrichten. Es galt nun wirklich, sich gegen Anschläge des bösartigen Hubert zu waffnen, die sich, wie V. jetzt überzeugt war, schon gestern in seinem verstörten Wesen kundgetan.

Andern Morgens zur Stunde, wenn der Freiherr aufzustehen pflegte, vernahm V. ein Hinundherrennen, Türauf–, Türzuschlagen, ein verwirrtes Durcheinander und Schreien. Er trat hinaus und stieß überall auf Bediente, die, ohne auf ihn zu achten, mit leichenblassen Gesichtern ihm vorbei – treppauf – treppab – hinaus – hinein durch die Zimmer rannten. Endlich erfuhr er, daß der Freiherr vermißt und schon stundenlang vergebens gesucht werde. – In Gegenwart des Jägers hatte er sich ins Bette gelegt, er mußte dann aufgestanden [sein] und sich im Schlafrock und Pantoffeln, mit dem Armleuchter in der Hand, entfernt haben, denn ebendiese Stücke wurden vermißt. V. lief, von düsterer Ahnung getrieben, in den verhängnisvollen Saal, dessen Seitenkabinett, gleich dem Vater, Wolfgang zu seinem Schlafgemach gewählt hatte. Die Pforte zum Turm stand weit offen, tief entsetzt schrie V. laut auf: „Dort in der Tiefe liegt er zerschmettert!" – Es war dem so. Schnee war gefallen, so daß man von oben herab nur den zwischen den Steinen hervorragenden starren Arm des Unglücklichen deutlich wahrnehmen konnte. Viele Stunden gingen hin, ehe es den Arbeitern gelang, mit Lebensgefahr, auf zusammengebundenen Leitern, herabzusteigen und dann den Leichnam an Stricken heraufzuziehen. Im Krampf der Todesangst hatte der Baron den silbernen Armleuchter fest gepackt, die Hand, die ihn noch festhielt, war der einzige unversehrte Teil des ganzen Körpers, der sonst durch das Anprallen an die spitzen Steine auf das gräßlichste zerschellt worden.

Alle Furien der Verzweiflung im Antlitz, stürzte Hubert herbei, als die Leiche eben hinaufgeborgen und in dem Saal, gerade an der Stelle auf einen breiten Tisch gelegt worden, wo vor wenigen Wochen der alte Roderich lag. Niedergeschmettert von dem gräßlichen Anblick, heulte er: „Bruder – o mein armer Bruder – nein, das hab ich nicht erfleht von den Teufeln, die über mir waren!" – V. erbebte vor dieser verfänglichen Rede, es war ihm so, als müsse er zufahren auf Hubert, als den Mörder seines Bruders. – Hubert lag, von Sinnen, auf dem Fußboden, man brachte ihn ins Bette, und er erholte sich, nachdem er stärkende Mittel gebraucht, ziemlich bald. Sehr bleich, düstern Gram im halb erloschnen Auge, trat er dann bei V. ins Zimmer und sprach, indem er vor Mattigkeit, nicht fähig zu stehen, sich langsam in einen Lehnstuhl niederließ: „Ich habe meines Bruders Tod gewünscht, weil der Vater ihm den besten Teil des Erbes zugewandt durch eine törichte Stiftung – jetzt hat er seinen Tod gefunden auf schreckliche Weise – *ich* bin Majoratsherr, aber mein Herz ist zermalmt, ich kann, ich werde niemals glücklich sein. Ich bestätige Sie im Amte, Sie erhalten die ausgedehntesten Vollmachten rücksichts der Verwaltung des Majorats, auf dem ich nicht zu hausen vermag!" – Hubert verließ das Zimmer und war in ein paar Stunden schon auf dem Wege nach K. Es schien, daß der unglückliche Wolfgang in der Nacht aufgestanden war und sich vielleicht in das andere Kabinett, wo eine Bibliothek aufgestellt, begeben wollen. In der Schlaftrunkenheit verfehlte er die Tür, öffnete statt derselben die Pforte, schritt vor und stürzte hinab. Diese Erklärung enthielt indessen immer viel Erzwungenes. Konnte der Baron nicht schlafen, wollte er sich noch ein Buch aus der Bibliothek holen, um zu lesen, so schloß dieses alle Schlaftrunkenheit aus, aber nur so war es möglich, die Tür des Kabinetts zu verfehlen und statt dieser die Pforte zu öffnen. Überdem war diese fest verschlossen und mußte erst mit vieler Mühe aufgeschlossen werden. „Ach", fing endlich, als V. diese Unwahrscheinlichkeit vor versammelter Dienerschaft entwickelte, des Freiherrn Jäger, Franz geheißen, an, „ach, lieber Herr Justitiarius, so hat es wohl sich nicht zugetragen!" – „Wie denn anders?" fuhr ihn V. an. Franz, ein ehrlicher treuer Kerl, der seinem Herrn hätte ins Grab folgen mögen, wollte aber nicht vor den andern mit der Sprache heraus, sondern behielt sich vor, das, was er davon zu sagen wisse, dem Justistiarius allein zu vertrauen. V. erfuhr nun, daß der Freiherr zu Franz sehr oft von den vielen Schätzen sprach, die da unten in dem Schutt begraben lägen, und daß er oft, wie vom bösen Geist getrieben, zur Nachtzeit noch die Pforte, zu der den Schlüssel ihm Daniel hatte geben müssen, öffnete und mit Sehnsucht hinabschaute in die Tiefe nach den vermeintlichen Reichtümern. Gewiß war es nun wohl also, daß in jener verhängnisvollen Nacht der Freiherr, nachdem ihn der Jäger schon verlassen, noch einen Gang nach dem Turm gemacht und ihn dort ein plötzlicher Schwindel erfaßt und herabgestürzt hatte. Daniel, der von dem entsetzlichen Tode des Freiherrn auch sehr erschüttert schien, meinte, daß es gut sein würde, die gefährliche Pforte fest vermauern zu lassen, welches denn auch gleich geschah. Freiherr Hubert von R., jetziger Majoratsbesitzer, ging, ohne sich wieder in R..sitzen sehen zu lassen, nach

Kurland zurück. V. erhielt alle Vollmachten, die zur unumschränkten Verwaltung des Majorats nötig waren. Der Bau des neuen Schlosses unterblieb, wogegen, so viel möglich, das alte Gebäude in guten Stand gesetzt wurde. Schon waren mehrere Jahre verflossen, als Hubert zum erstenmal zur späten Herbstzeit sich in R..sitten einfand und, nachdem er mehrere Tage mit V., in seinem Zimmer eingeschlossen, zugebracht, wieder nach Kurland zurückging. Bei seiner Durchreise durch K. hatte er bei der dortigen Landesregierung sein Testament niedergelegt.

Während seines Aufenthaltes in R..sitten sprach der Freiherr, der in seinem tiefsten Wesen ganz geändert schien, viel von Ahnungen eines nahen Todes. Diese gingen wirklich in Erfüllung; denn er starb schon das Jahr darauf. Sein Sohn, wie *er* Hubert geheißen, kam schnell herüber von Kurland, um das reiche Majorat in Besitz zu nehmen. Ihm folgten Mutter und Schwester. Der Jüngling schien alle bösen Eigenschaften der Vorfahren in sich zu vereinen; er bewies sich als stolz, hochfahrend, ungestüm, habsüchtig gleich in den ersten Augenblicken seines Aufenthalts in R..sitten. Er wollte auf der Stelle vieles ändern lassen, welches ihm nicht bequem, nicht gehörig schien; den Koch warf er zum Hause hinaus; den Kutscher versuchte er zu prügeln, welches aber nicht gelang, da der baumstarke Kerl die Frechheit hatte, es nicht leiden zu wollen; kurz, er war im besten Zuge, die Rolle des strengen Majoratsherrn zu beginnen, als V. ihm mit Ernst und Festigkeit entgegentrat, sehr bestimmt versichernd: kein Stuhl solle hier gerückt werden, keine Katze das Haus verlassen, wenn es ihr noch sonst darin gefalle, vor Eröffnung des Testaments. „Sie unterstehen sich hier, dem Majoratsherrn –" fing der Baron an. V. ließ den vor Wut schäumenden Jüngling jedoch nicht ausreden, sondern sprach, indem er ihn mit durchbohrenden Blicken maß: „Keine Übereilung, Herr Baron! – Durchaus dürfen Sie hier nicht regieren wollen vor Eröffnung des Testaments; jetzt bin *ich*, ich allein hier Herr und werde Gewalt mit Gewalt zu vertreiben wissen. – Erinnern Sie sich, daß ich kraft meiner Vollmacht als Vollzieher des väterlichen Testaments, kraft der getroffenen Verfügungen des Gerichts berechtigt bin, Ihnen den Aufenthalt hier in R..sitten zu versagen, und ich rate Ihnen, um das Unangenehme zu verhüten, sich ruhig nach K. zu begeben." Der Ernst des

Gerichtshalters, der entschiedene Ton, mit dem er sprach, gab seinen Worten gehörigen Nachdruck, und so kam es, daß der junge Baron, der mit gar zu spitzigen Hörnern anlaufen wollte wider den festen Bau, die Schwäche seiner Waffen fühlte und für gut fand, im Rückzuge seine Beschämung mit einem höhnischen Gelächter auszugleichen. Drei Monate waren verflossen und der Tag gekommen, an dem, nach dem Willen des Verstorbenen, das Testament in K., wo es niedergelegt worden, eröffnet werden sollte. Außer den Gerichtspersonen, dem Baron und V. befand sich noch ein junger Mensch von edlem Ansehn in dem Gerichtssaal, den V. mitgebracht und den man, da ihm ein eingeknöpftes Aktenstück aus dem Busen hervorragte, für V-s Schreiber hielt. Der Baron sah ihn, wie er es beinahe mit allen übrigen machte, über die Achsel an und verlangte stürmisch, daß man die langweilige überflüssige Zeremonie nur schnell und ohne viele Worte und Schreiberei abmachen solle. Er begreife nicht, wie es überhaupt in dieser Erbangelegenheit, wenigstens hinsichts des Majorats, auf ein Testament ankommen könne, und werde, insofern hier irgend etwas verfügt sein solle, es lediglich von seinem Willen abhängen, das zu beachten oder nicht. Hand und Siegel des verstorbenen Vaters erkannte der Baron an, nachdem er einen flüchtigen mürrischen Blick darauf geworfen, dann, indem der Gerichtsschreiber sich zum lauten Ablesen des Testaments anschickte, schaute er gleichgültig nach dem Fenster hin, den rechten Arm nachlässig über die Stuhllehne geworfen, den linken Arm gelehnt auf den Gerichtstisch und auf dessen grüner Decke mit den Fingern trommelnd. Nach einem kurzen Eingange erklärte der verstorbene Freiherr Hubert v. R., daß er das Majorat niemals als wirklicher Majoratsherr besessen, sondern dasselbe nur namens des einzigen Sohnes des verstorbenen Freiherrn Wolfgang von R., nach seinem Großvater Roderich geheißen, verwaltet habe; dieser sei derjenige, dem nach der Familiensukzession durch seines Vaters Tod das Majorat zugefallen. Die genauesten Rechnungen über Einnahme und Ausgabe, über den vorzufindenden Bestand und so weiter würde man in seinem Nachlaß finden. Wolfgang von R., so erzählte Hubert in dem Testament, lernte auf seinen Reisen in Genf das Fräulein Julie von St. Val kennen und faßte eine solche heftige Neigung zu ihr, daß er sich nie mehr von ihr zu trennen beschloß. Sie war sehr arm, und ihre Familie, unerachtet von gutem Adel, gehörte eben nicht zu den glänzendsten. Schon deshalb durfte er auf die Einwilligung des alten Roderich, dessen ganzes Streben dahin ging, das Majoratshaus auf alle nur mögliche Weise zu erheben, nicht hoffen. Er wagte es dennoch, von Paris aus dem Vater seine Neigung zu entdecken; was aber vorauszusehen, geschah wirklich, indem der Alte bestimmt erklärte, daß er schon selbst die Braut für den Majoratsherrn erkoren und von einer andern niemals die Rede sein könne. Wolfgang, statt, wie er sollte, nach England hinüberzuschiffen, kehrte unter dem Namen Born nach Genf zurück und vermählte sich mit Julien, die ihm nach Verlauf eines Jahres den Sohn gebar, der mit dem Tode Wolfgangs Majoratsherr wurde. Darüber, daß Hubert, von der ganzen Sache unterrichtet, so lange schwieg und sich selbst als Majoratsherr gerierte, waren verschiedene Ursachen angeführt, die sich auf frühere Verabredungen mit Wolfgang bezogen, indessen unzureichend und aus der Luft gegriffen schienen.

Wie vom Donner gerührt, starrte der Baron den Gerichtsschreiber an, der mit eintöniger schnarrender Stimme alles Unheil verkündete. Als er geendet, stand V. auf, nahm den jungen Menschen, den er mitgebracht, bei der Hand und sprach, indem er sich gegen die Anwesenden verbeugte: „Hier, meine Herren, habe ich die Ehre, Ihnen den Freiherrn Roderich von R., Majoratsherrn von R..sitten, vorzustellen!" Baron Hubert blickte den Jüngling, der, wie vom Himmel gefallen, ihn um das reiche Majorat, um die Hälfte des freien Vermögens in Kurland brachte, verhaltenen Grimm im glühenden Auge, an, drohte dann mit geballter Faust und rannte, ohne ein Wort hervorbringen zu können, zum Gerichtssaal hinaus. Von den Gerichtspersonen dazu aufgefordert, holte jetzt Baron Roderich die Urkunden hervor, die ihn als die Person, für die er sich ausgab, legitimieren sollten. Er überreichte den beglaubigten Auszug aus den Registern der Kirche, wo sein Vater sich trauen lassen, worin bezeugt wurde, daß an dem und dem Tage der Kaufmann Wolfgang Born, gebürtig aus K., mit dem Fräulein Julie von St. Val in Gegenwart der genannten Personen durch priesterliche Einsegnung getraut worden. Ebenso hatte er seinen Taufschein (er war in Genf als von dem Kaufmann Born mit seiner Gemahlin Julie, gebornen von St. Val, in gültiger Ehe erzeugtes Kind getauft worden), verschiedene Briefe seines Vaters an seine schon längst verstorbene Mutter, die aber alle nur mit W. unterzeichnet waren.

V. sah alle diese Papiere mit finsterm Gesichte durch und sprach, ziemlich bekümmert, als er sie wieder zusammenschlug: „Nun, Gott wird helfen!"

Schon andern Tages reichte der Freiherr Hubert von R. durch einen Advokaten, den er zu seinem Rechtsfreunde erkoren, bei der Landesregierung in K. eine Vorstellung ein, worin er auf nichts weniger antrug, als sofort die Übergabe des Majorats R..sitten an ihn zu veranlassen. Es verstehe sich von selbst, sagte der Advokat, daß weder testamentarisch noch auf irgendeine andere Weise der verstorbene Freiherr Hubert von R. habe über das Majorat verfügen können. Jenes Testament sei also nichts anderes als die aufgeschriebene und gerichtlich übergebene Aussage, nach welcher der Freiherr Wolfgang von R. das Majorat an einen Sohn vererbt haben solle, der noch lebe, die keine höhere Beweiskraft, als jede andere irgendeines Zeugen haben und also unmöglich die Legitimation des angeblichen Freiherrn Roderich von R. bewirken könne. Vielmehr sei es die Sache dieses Prätendenten, sein vorgebliches Erbrecht, dem hiermit ausdrücklich widersprochen werde, im Wege des Prozesses darzutun und das Majorat, welches jetzt nach dem Recht der Sukzession dem Baron Hubert von R. zugefallen, zu vindizieren. Durch den Tod des Vaters sei der Besitz unmittelbar auf den Sohn übergegangen; es habe keiner Erklärung über den Erbschaftsantritt bedurft, da der Majoratsfolge nicht entsagt werden könne, mithin dürfte der jetzige Majoratsherr in dem Besitz nicht durch ganz illiquide Ansprüche turbiert werden. Was der Verstorbene für Grund gehabt habe, einen andern Majoratsherrn aufzustellen, sei ganz gleichgültig, nur werde bemerkt, daß er selbst, wie aus den nachgelassenen Papieren erforderlichenfalls nachgewiesen werden könne, eine Liebschaft in der Schweiz gehabt habe, und so sei vielleicht der angebliche Bruderssohn der eigne, in einer verbotenen Liebe erzeugte, dem er in einem Anfall von Reue das reiche Majorat zuwenden wollen.

Sosehr auch die Wahrscheinlichkeit für die im Testament behaupteten Umstände sprach, sosehr auch die Richter hauptsächlich die letzte Wendung, in der der Sohn sich nicht scheute, den Verstorbenen eines Verbrechens anzuklagen, empörte, so blieb doch die Ansicht der Sache, wie sie aufgestellt worden, die richtige, und nur den rastlosen Bemühungen V-s, der bestimmten Versicherung, daß der die Legitimation des Freiherrn Roderich von R. bewirkende Beweis in kurzer Zeit auf das bündigste geführt werden solle, konnte es gelingen, daß die Übergabe des Majorats noch ausgesetzt und die Fortdauer der Administration bis nach entschiedener Sache verfügt wurde.

V. sah nur zu gut ein, wie schwer es ihm werden würde, sein Versprechen zu halten. Er hatte alle Briefschaften des alten Roderich durchstöbert, ohne die Spur eines Briefes oder sonst eines Aufsatzes zu finden, der Bezug auf jenes Verhältnis Wolfgangs mit dem Fräulein von St. Val gehabt hätte. Gedankenvoll saß er in R..sitten in dem Schlafkabinett des alten Roderich, das er ganz durchsucht, und arbeitete an einem Aufsatze für den Notar in Genf, der ihm als ein scharfsinniger tätiger Mann empfohlen worden und der ihm einige Notizen schaffen sollte, die die Sache des jungen Freiherrn ins klare bringen konnten. – Es war Mitternacht worden, der Vollmond schien hell hinein in den anstoßenden Saal, dessen Tür offenstand. Da war es, als schritte jemand langsam und schwer die Treppe herauf und klirre und klappere mit Schlüsseln. V. wurde aufmerksam, er stand auf, ging in den Saal und vernahm nun deutlich, daß jemand sich durch den Flur der Türe des Saals nahte. Bald darauf wurde diese geöffnet, und ein Mensch mit leichenblassem entstellten Antlitz, in Nachtkleidern, in der einen Hand den Armleuchter mit brennenden Kerzen, in der andern den großen Schlüsselbund, trat langsam hinein. V. erkannte augenblicklich den Hausverwalter und war im Begriff, ihm zuzurufen, was er so spät in der Nacht wolle, als ihn in dem ganzen Wesen des Alten, in dem zum Tode erstarrten Antlitz etwas Unheimliches, Gespenstisches mit Eiskälte anhauchte. Er erkannte, daß er einen Nachtwandler vor sich habe. Der Alte ging mit gemessenen Schritten quer durch den Saal, gerade los auf die vermauerte Tür, die ehemals zum Turm führte. Dicht vor derselben blieb er stehen und stieß aus tiefer Brust einen heulenden Laut aus, der so entsetzlich in dem ganzen Saale widerhallte, daß V. erbebte vor Grausen. Dann, den Armleuchter auf den Fußboden gestellt, den Schlüsselbund an den Gürtel gehängt, fing Daniel an, mit beiden Händen an der Mauer zu kratzen, daß bald das Blut unter den Nägeln hervorquoll, und dabei stöhnte er und ächzte, wie gepeinigt von einer namenlosen Todesqual. Nun legte er das Ohr an die Mauer, als wolle er irgend etwas erlauschen, dann winkte er mit der Hand, wie jemanden beschwichtigend, bückte sich, den Armleuchter wieder vom Boden aufhebend, und schlich mit leisen gemessenen Schritten nach der Türe zurück. V. folgte ihm behutsam mit dem Leuchter in der Hand. Es ging die Treppe herab, der Alte schloß die große Haupttür des Schlosses auf, V. schlüpfte geschickt hindurch; nun begab er sich nach dem Stall, und nachdem er zu V-s tiefem Erstaunen den Armleuchter so geschickt hingestellt hatte, daß das ganze Gebäude genugsam erhellt wurde ohne irgendeine Gefahr, holte er Sattel und Zeug herbei und rüstete mit großer Sorglichkeit, den Gurt fest–, die Steigbügel hinaufschnallend, ein Pferd aus, das er losgebunden von der Krippe. Nachdem er noch ein Büschel Haare über den Stirnriemen weg durch die Hand gezogen, nahm er, mit der Zunge schnalzend und mit der einen Hand ihm den Hals klopfend, das Pferd beim Zügel und führte es heraus. Draußen im Hofe blieb er einige Sekunden stehen in der Stellung, als erhalte er Befehle, die er kopfnickend auszuführen versprach. Dann führte er das Pferd zurück in den Stall, sattelte es wieder ab und band es an die Krippe. Nun nahm er den Armleuchter, verschloß den Stall, kehrte in das Schloß zurück und verschwand endlich in sein Zimmer, das er sorgfältig verriegelte. V. fühlte sich von diesem Auftritt im Innersten ergriffen, die Ahnung einer entsetzlichen Tat erhob sich vor ihm wie ein schwarzes höllisches Gespenst, das ihn nicht mehr verließ. Ganz erfüllt von der bedrohlichen Lage seines Schützlings, glaubte er wenigstens das, was er gesehen, nützen zu müssen zu seinem Besten. Andern Tages, es wollte schon die Dämmerung einbrechen, kam Daniel in sein Zimmer, um irgendeine sich auf den Hausstand beziehende Anweisung einzuholen. Da faßte ihn V. bei beiden Armen und fing an, indem er ihn zutraulich auf den Sessel niederdrückte: „Höre, alter Freund Daniel! lange habe ich dich fragen wollen, was hältst du denn von dem verworrenen Kram, den uns Huberts sonderbares Testament über den Hals gebracht hat? – Glaubst du denn wohl, daß der junge Mensch wirklich Wolfgangs in rechtsgültiger Ehe erzeugter Sohn ist?" Der Alte, sich über die Lehne des Stuhls wegbeugend und V-s starr auf ihn gerichteten Blicken ausweichend, rief mürrisch: „Pah! – er kann es sein; er kann es auch nicht sein.

Was schiert's mich, mag nun hier Herr werden, wer da will." – „Aber ich meine", fuhr V. fort, indem er dem Alten näher rückte und die Hand auf seine Schulter legte, „aber ich meine, da du des alten Freiherrn ganzes Vertrauen hattest, so verschwieg er dir gewiß nicht die Verhältnisse seiner Söhne. Er erzählte dir von dem Bündnis, das Wolfgang wider seinen Willen geschlossen?" – „Ich kann mich auf dergleichen gar nicht besinnen", erwiderte der Alte, indem er auf ungezogene Art laut gähnte. – „Du bist schläfrig, Alter", sprach V., „hast du vielleicht eine unruhige Nacht gehabt?" – „Daß ich nicht wüßte", entgegnete der Alte frostig, „aber ich will nun gehen und das Abendessen bestellen." Hiermit erhob er sich schwerfällig vom Stuhl, indem er sich den gekrümmten Rücken rieb und abermals, und zwar noch lauter, gähnte als zuvor. „Bleibe doch noch, Alter", rief V., indem er ihn bei der Hand ergriff und zum Sitzen nötigen wollte, der Alte blieb aber vor dem Arbeitstisch stehen, auf den er sich mit beiden Händen stemmte, den Leib übergebogen nach V. hin und mürrisch fragend: „Nun, was soll's denn, was schiert mich das Testament, was schiert mich der Streit um das Majorat –" – „Davon", fiel ihm V. in die Rede, „wollen wir auch gar nicht mehr sprechen: von ganz etwas anderm, lieber Daniel! – Du bist mürrisch, du gähnst, das alles zeugt von besonderer Abspannung, und nun möcht ich beinahe glauben, daß *du* es wirklich gewesen bist in dieser Nacht." – „Was bin ich gewesen in dieser Nacht?" frug der Alte, in seiner Stellung verharrend. „Als ich", sprach V. weiter, „gestern mitternacht dort oben in dem Kabinett des alten Herrn neben dem großen Saal saß, kamst du zur Türe herein, ganz starr und bleich, schrittest auf die zugemauerte Tür los, kratztest mit beiden Händen an der Mauer und stöhntest, als wenn du große Qualen empfändest. Bist du denn ein Nachtwandler, Daniel?" Der Alte sank zurück in den Stuhl, den ihm V. schnell unterschob. Er gab keinen Laut von sich, die tiefe Dämmerung ließ sein Gesicht nicht erkennen, V. bemerkte nur, daß er kurz Atem holte und mit den Zähnen klapperte. – „Ja", fuhr V. nach kurzem Schweigen fort, „ja, es ist ein eignes Ding mit den Nachtwandlern. Andern Tages wissen sie von diesem sonderbaren Zustande, von allem, was sie wie in vollem Wachen begonnen haben, nicht das allermindeste." – Daniel blieb still. – „Ähnliches", sprach V. weiter, „wie gestern mit dir, habe ich schon erlebt. Ich hatte einen Freund, der stellte so wie du, trat der Vollmond ein, regelmäßig nächtliche Wanderungen an. Ja, manchmal setzte er sich hin und schrieb Briefe. Am merkwürdigsten war es aber, daß, fing ich an, ihm ganz leise ins Ohr zu flüstern, es mir bald gelang, ihn zum Sprechen zu bringen. Er antwortete gehörig auf alle Fragen, und selbst das, was er im Wachen sorglich verschwiegen haben würde, floß nun unwillkürlich, als könne er der Kraft nicht widerstehen, die auf ihn einwirkte, von seinen Lippen. – Der Teufel! ich glaube, verschwiege ein Mondsüchtiger irgendeine begangene Untat noch so lange, man könnte sie ihm abfragen in dem seltsamen Zustande. – Wohl dem, der ein reines Gewissen hat, wie wir beide, guter Daniel, wir können schon immer Nachtwandler sein, uns wird man kein Verbrechen abfragen. – Aber höre, Daniel, gewiß willst du herauf in den astronomischen Turm, wenn du so abscheulich an der zugemauerten Türe kratzest? – Du willst gewiß laborieren wie der alte Roderich? – Nun, das werd ich dir nächstens abfragen!" – Der Alte hatte, während V. dieses sprach, immer stärker und stärker gezittert, jetzt flog sein ganzer Körper, von heillosem Krampf hin– und hergeworfen, und er brach aus in ein gellendes, unverständiges Geplapper. V. schellte die Diener herauf. Man brachte Lichter, der Alte ließ nicht nach, wie ein willkürlos bewegtes Automat hob man ihn auf und brachte ihn ins Bette. Nachdem beinahe eine Stunde dieser heillose Zustand gedauert, verfiel er in tiefer Ohnmacht ähnlichen Schlaf. Als er erwachte, verlangte er Wein zu trinken, und als man ihm diesen gereicht, trieb er den Diener, der bei ihm wachen wollte, fort und verschloß sich, wie gewöhnlich, in sein Zimmer. V. hatte wirklich beschlossen, den Versuch anzustellen, in dem Augenblick, als er davon gegen Daniel sprach, wiewohl er sich selbst gestehen mußte, einmal, daß Daniel, vielleicht erst jetzt von seiner Mondsucht unterrichtet, alles anwenden werde, ihm zu entgehen, dann aber, daß Geständnisse, in diesem Zustande abgelegt, eben nicht geeignet sein würden, darauf weiter fortzubauen. Demunerachtet begab er sich gegen Mitternacht in den Saal, hoffend, daß Daniel, wie es in dieser Krankheit geschieht, gezwungen werden würde, willkürlos zu handeln. Um Mitternacht erhob sich ein großer Lärm auf dem Hofe. V. hörte deutlich ein Fenster einschlagen, er eilte herab, und als er die Gänge durchschritt, wallte ihm ein stinkender Dampf entgegen, der, wie er bald gewahrte, aus dem geöffneten Zimmer des Hausverwalters herausquoll. Diesen brachte man eben todstarr herausgetragen, um ihn in einem andern Zimmer ins Bette zu legen. Um Mitternacht wurde ein Knecht, so erzählten die Diener, durch ein seltsames dumpfes Pochen geweckt, er glaubte, dem Alten sei etwas zugestoßen, und schickte sich an aufzustehen, um ihm zu Hülfe zu kommen, als der Wächter auf dem Hofe laut rief: „Feuer, Feuer! in der Stube des Herrn Verwalters brennt's lichterloh!" – Auf dies Geschrei waren gleich mehrere Diener bei der Hand, aber alles Mühen, die Tür des Zimmers einzubrechen, blieb umsonst. Nun eilten sie heraus auf den Hof, aber der entschlossene Wächter hatte schon das Fenster des niedrigen, im Erdgeschosse befindlichen Zimmers eingeschlagen die brennenden Gardinen herabgerissen, worauf ein paar hineingegossene Eimer Wasser den Brand augenblicklich löschten. Den Hausverwalter fand man, mitten im Zimmer auf der Erde liegend, in tiefer Ohnmacht. Er hielt noch fest den Armleuchter in der Hand, dessen brennende Kerzen die Gardinen erfaßt und so das Feuer veranlaßt hatten. Brennende herabfallende Lappen hatten dem Alten die Augenbrauen und ein gut Teil Kopfhaare weggesengt. Bemerkte der Wächter nicht das Feuer, so hätte der Alte hülflos verbrennen müssen. Zu nicht geringer Verwunderung fanden die Diener, daß die Tür des Zimmers von innen durch zwei ganz neu angeschrobene Riegel, die noch den Abend vorher nicht dagewesen, verwahrt war. V. sah ein, daß der Alte sich hatte das Hinausschreiten aus dem Zimmer unmöglich machen wollen; widerstehen konnt er dem blinden Triebe nicht. Der Alte verfiel in eine ernste Krankheit; er sprach nicht, er nahm nur wenig Nahrung zu sich und starrte, wie festgeklammert von einem entsetzlichen Gedanken, mit Blicken, in denen sich der Tod malte, vor sich hin. V. glaubte, daß der Alte von dem Lager nicht erstehen werde. Alles, was sich für seinen Schützling tun ließ, hatte V. getan, er mußte ruhig den Erfolg abwarten und wollte deshalb nach K. zurück. Die Abreise war für den folgenden Morgen bestimmt. V. packte spätabends seine Skripturen zusammen, da fiel ihm ein kleines Paket in die Hände, welches ihm der Freiherr Hubert von R. versiegelt und mit der Aufschrift: „Nach Eröffnung meines Testaments zu lesen" zugestellt und das er unbegreiflicherweise noch nicht beobachtet hatte. Er war im Begriff, dieses Paket zu entsiegeln, als die Tür aufging und mit leisen gespenstischen Schritten Daniel hereintrat. Er legte eine schwarze Mappe, die er unter dem Arm trug, auf den Schreibtisch, dann mit einem tiefen Todesseufzer auf beide Knie sinkend, V-s Hände mit den seinen krampfhaft fassend, sprach er hohl und dumpf, wie aus tiefem Grabe: „Auf dem Schafott stürb ich nicht gern! – der dort oben richtet!" – dann richtete er sich unter angstvollem Keuchen mühsam auf und verließ das Zimmer, wie er gekommen.

V. brachte die ganze Nacht hin, alles das zu lesen, was die schwarze Mappe und Huberts Paket enthielt. Beides hing genau zusammen und bestimmte von selbst die weitern Maßregeln, die nun zu ergreifen. Sowie V. in K. angekommen, begab er sich zum Freiherrn Hubert von R., der ihn mit rauhem Stolz empfing. Die merkwürdige Folge einer Unterredung, welche mittags anfing und bis spät in die Nacht hinein ununterbrochen fortdauerte, war aber, daß der Freiherr andern Tages vor Gericht erklärte, daß er den Prätendenten des Majorats dem Testamente seines Vaters gemäß für den in rechtsgültiger Ehe von dem ältesten Sohn des Freiherrn Roderich von R., Wolfgang von R., mit dem Fräulein Julie von St. Val erzeugten Sohn, mithin für den rechtsgültig legitimierten Majoratserben anerkenne. Als er von dem Gerichtssaal herabstieg, stand sein Wagen mit Postpferden vor der Türe, er reiste schnell ab und ließ Mutter und Schwester zurück. Sie würden ihn vielleicht nie wiedersehen, hatte er ihnen mit andern rätselhaften Äußerungen geschrieben. Roderichs Erstaunen über diese Wendung, die die Sache nahm, war nicht gering, er drang in V., ihm doch nur zu erklären, wie dies Wunder habe bewirkt werden können, welche geheimnisvolle Macht im Spiele sei. V. vertröstete ihn indessen auf künftige Zeiten, und zwar wenn er Besitz genommen haben würde von dem Majorat. Die Übergabe des Majorats konnte nämlich deshalb nicht geschehen, weil nun die Gerichte, nicht befriedigt durch jene Erklärung Huberts, außerdem die vollständige Legitimation Roderichs verlangten. V. bot dem Freiherrn die Wohnung in R..sitten an und setzte hinzu, daß Huberts Mutter und Schwester, durch seine schnelle Abreise in augenblickliche Verlegenheit gesetzt, den stillen Aufenthalt auf dem Stammgute der geräuschvollen teuren Stadt vorziehen würden. Das Entzücken, womit Roderich den Gedanken ergriff, mit der Baronin und ihrer Tochter wenigstens eine Zeitlang unter einem Dache zu wohnen, bewies, welchen tiefen Eindruck Seraphine, das holde, anmutige Kind, auf ihn gemacht hatte. In der Tat wußte der Freiherr seinen Aufenthalt in R..sitten so gut zu benutzen, daß er, wenige

Wocben waren vergangen, Seraphinens innige Liebe und der Mutter beifällig Wort zur Verbindung mit ihr gewonnen hatte. Dem V. war das alles zu schnell, da bis jetzt Roderichs Legitimation als Majoratsherr von R..sitten noch immer zweifelhaft geblieben. Briefe aus Kurland unterbrachen das Idyllenleben auf dem Schlosse. Hubert hatte sich gar nicht auf den Gütern sehen lassen, sondern war unmittelbar nach Petersburg gegangen, dort in Militärdienste getreten und stand jetzt im Felde gegen die Perser, mit denen Rußland gerade im Kriege begriffen. Dies machte die schnelle Abreise der Baronin mit ihrer Tochter nach den Gütern, wo Unordnung und Verwirrung herrschte, nötig. Roderich, der sich schon als den aufgenommenen Sohn betrachtete, unterließ nicht, die Geliebte zu begleiten, und so wurde, da V. ebenfalls nach K. zurückkehrte, das Schloß einsam, wie vorher. Des Hausverwalters böse Krankheit wurde schlimmer und schlimmer, so daß er nicht mehr daraus zu erstehen glaubte, sein Amt wurde einem alten Jäger, Wolfgangs treuem Diener, Franz geheißen, übertragen. Endlich, nach langem Harren erhielt V. die günstigsten Nachrichten aus der Schweiz. Der Pfarrer, der Wolfgangs Trauung vollzogen, war längst gestorben, indessen fand sich in dem Kirchenbuche von seiner Hand notiert, daß derjenige, den er unter dem Namen Born mit dem Fräulein Julie St. Val ehelich verbunden, sich bei ihm als Freiherr Wolfgang von R., ältesten Sohn des Freiherrn Roderich von R. auf R..sitten, vollständig legitimiert habe. Außerdem wurden noch zwei Trauzeugen, ein Kaufmann in Genf und ein alter französischer Kapitän, der nach Lyon gezogen, ausgemittelt, denen Wolfgang ebenfalls sich entdeckt hatte, und ihre eidlichen Aussagen bekräftigten den Vermerk des Pfarrers im Kirchenbuche. Mit den in rechtlicher Form ausgefertigten Verhandlungen in der Hand führte nun V. den vollständigen Nachweis der Rechte seines Machtgebers, und nichts stand der Übergabe des Majorats im Wege, die im künftigen Herbst erfolgen sollte. Hubert war gleich in der ersten Schlacht, der er beiwohnte, geblieben, ihn hatte das Schicksal seines jüngern Bruders, der ein Jahr vor seines Vaters Tode ebenfalls im Felde blieb, getroffen; so fielen die Güter in Kurland der Baronesse Seraphine von R. zu und wurden eine schöne Mitgift für den überglücklichen Roderich.

Der November war angebrochen, als die Baronin, Roderich mit seiner Braut in R..sitten anlangte. Die Übergabe des Majorats erfolgte und dann Roderichs Verbindung mit Seraphinen. Manche Woche verging im Taumel der Lust, bis endlich die übersättigten Gäste nach und nach das Schloß verließen zur großen Zufriedenheit V-s, der von R..sitten nicht scheiden wollte, ohne den jungen Majoratsherrn auf das genaueste einzuweihen in alle Verhältnisse des neuen Besitztums. Mit der strengsten Genauigkeit hatte Roderichs Oheim die Rechnungen über Einnahme und Ausgabe geführt, so daß, da Roderich nur eine geringe Summe jährlich zu seinem Unterhalt bekam, durch die Überschüsse der Einnahme jenes bare Kapital, das man in des alten Freiherrn Nachlaß vorfand, einen bedeutenden Zuschuß erhielt. Nur in den ersten drei Jahren hatte Hubert die Einkünfte des Majorats in seinen Nutzen verwandt, darüber aber ein Schuldinstrument ausgestellt und es auf den ihm zustehenden Anteil der Güter in Kurland versichern lassen. – V. hatte seit der Zeit, als ihm Daniel als Nachtwandler erschien, das Schlafgemach des alten Roderich zu seinem Wohnzimmer gewählt, um desto sicherer das erlauschen zu können, was ihm Daniel nachher freiwillig offenbarte. So kam es, daß dies Gemach und der anstoßende große Saal der Ort blieb, wo der Freiherr mit V. im Geschäft zusammenkam. Da saßen nun beide beim hellodernden Kaminfeuer an dem großen Tische, V. mit der Feder in der Hand, die Summen notierend und den Reichtum des Majoratsherrn berechnend, dieser mit aufgestemmtem Arm hineinblinzelnd in die aufgeschlagenen Rechnungsbücher, in die gewichtigen Dokumente. Keiner vernahm das dumpfe Brausen der See, das Angstgeschrei der Möwen, die, das Unwetter verkündend, im Hinundherflattern an die Fensterscheiben schlugen, keiner achtete des Sturms, der, um Mitternacht heraufgekommen, in wildem Tosen das Schloß durchsauste, so daß alle Unkenstimmen in den Kaminen, in den engen Gängen erwachten und widerlich durcheinander pfiffen und heulten. Als endlich nach einem Windstoß, vor dem der ganze Bau erdröhnte, plötzlich der ganze Saal im düstern Feuer des Vollmonds stand, rief V.: „Ein böses Wetter!" – Der Freiherr, ganz vertieft in die Aussicht des Reichtums, der ihm zugefallen, erwiderte gleichgültig, indem er mit zufriedenem Lächeln ein Blatt des Einnahmebuchs umschlug: „In der Tat, sehr stürmisch." Aber wie fuhr er, von der eisigen Faust des Schreckens berührt, in die Höhe, als die Tür des Saals aufsprang und eine bleiche, gespenstische Gestalt sichtbar wurde, die, den Tod im Antlitz, hineinschritt. Daniel, den V., so wie jedermann, in tiefer Krankheit ohnmächtig daliegend, nicht für fähig hielt, ein Glied zu rühren, war es, der, abermals von der Mondsucht befallen, seine nächtliche Wanderung begonnen. Lautlos starrte der Freiherr den Alten an, als dieser nun aber unter angstvollen Seufzern der Todesqual an der Wand kratzte, da faßte den Freiherrn tiefes Entsetzen. Bleich im Gesicht wie der Tod, mit emporgesträubtem Haar sprang er auf, schritt in bedrohlicher Stellung zu auf den Alten und rief mit starker Stimme, daß der Saal erdröhnte: „Daniel! – Daniel! was machst du hier zu dieser Stunde!" Da stieß der Alte jenes grauenvolle heulende Gewimmer aus, gleich dem Todeslaut des getroffenen Tiers, wie damals, als ihm Wolfgang Gold für seine Treue bot, und sank zusammen. V. rief die Bedienten herbei, man hob den Alten auf, alle Versuche, ihn zu beleben, blieben vergebens. Da schrie der Freiherr wie außer sich: „Herr Gott! – Herr Gott! habe ich denn nicht gehört, daß Nachtwandler auf der Stelle des Todes sein können, wenn man sie beim Namen ruft? – Ich! – Ich Unglückseligster – ich habe den armen Greis erschlagen! – Zeit meines Lebens habe ich keine ruhige Stunde mehr!" – V., als die Bedienten den Leichnam fortgetragen und der Saal leer geworden, nahm den immerfort sich anklagenden Freiherrn bei der Hand, führte ihn in tiefem Schweigen vor die zugemauerte Tür und sprach: „Der hier tot zu Ihren Füßen niedersank, Freiherr Roderich, war der verruchte Mörder Ihres Vaters!" Als säh er Geister der Hölle, starrte der Freiherr den V. an. Dieser fuhr fort: „Es ist nun wohl an der Zeit, Ihnen das gräßliche Geheimnis zu enthüllen, das auf diesem Unhold lastete und ihn, den Fluchbeladenen, in den Stunden des Schlafs umhertrieb. Die ewige Macht ließ den Sohn Rache nehmen an dem Mörder des Vaters. – Die Worte, die Sie dem entsetzlichen Nachtwandler in die Ohren donnerten, waren die letzten, die Ihr unglücklicher Vater sprach!" – Bebend, unfähig, ein Wort zu sprechen, hatte der Freiherr neben V., der sich vor den Kamin setzte, Platz genommen. V. fing mit dem Inhalt des Aufsatzes an, den Hubert für V. zurückgelassen und den er erst nach Eröffnung des Testaments entsiegeln sollte. Hubert klagte sich mit Ausdrücken, die von der tiefsten Reue zeigten, des unversöhnlichen Hasses an, der in ihm gegen den ältern Bruder Wurzel faßte von dem Augenblick, als der alte Roderich das Majorat gestiftet hatte. Jede Waffe war ihm entrissen, denn wär es ihm auch gelungen auf hämische Weise, den Sohn mit dem Vater zu entzweien, so blieb dies ohne Wirkung, da Roderich selbst nicht ermächtigt war, dem ältesten Sohn die Rechte der Erstgeburt zu entreißen, und es, wandte sich auch sein Herz und Sinn ganz von ihm ab, doch nach seinen Grundsätzen nimmermehr getan hätte. Erst als Wolfgang in Genf das Liebesverhältnis mit Julien von St. Val begonnen, glaubte Hubert den Bruder verderben zu können. Da fing die Zeit an, in der er im Einverständnisse mit Daniel auf bübische Weise den Alten zu Entschlüssen nötigen wollte, die den Sohn zur Verzweiflung bringen mußten.

Er wußte, daß nur die Verbindung mit einer der ältesten Familien des Vaterlandes nach dem Sinn des alten Roderich den Glanz des Majorats auf ewige Zeiten begründen konnte. Der Alte hatte diese Verbindung in den Gestirnen gelesen, und jedes freveliche Zerstören der Konstellation konnte nur Verderben bringen über die Stiftung. Wolfgangs Verbindung mit Julien erschien in dieser Art dem Alten ein verbrecherisches Attentat, wider Beschlüsse der Macht gerichtet, die ihm beigestanden im irdischen Beginnen, und jeder Anschlag, Julien, die wie ein dämonisches Prinzip sich ihm entgegengeworfen, zu verderben, gerechtfertigt. Hubert kannte des Bruders an Wahnsinn streifende Liebe zu Julien, ihr Verlust mußte ihn elend machen, vielleicht töten, und um so lieber wurde er tätiger Helfershelfer bei den Plänen des Alten, als er selbst sträfliche Neigung zu Julien gefaßt und sie für sich zu gewinnen hoffte. Eine besondere Schickung des Himmels wollt es, daß die giftigsten Anschläge an Wolfgangs Entschlossenheit scheiterten, ja daß es ihm gelang, den Bruder zu täuschen. Für Hubert blieb Wolfgangs wirklich vollzogene Ehe sowie die Geburt eines Sohnes ein Geheimnis. Mit der Vorahnung des nahen Todes kam dem alten Roderich zugleich der Gedanke, daß Wolfgang jene ihm feindliche Julie geheiratet habe, in dem Briefe, der dem Sohn befahl, am bestimmten Tage nach R..sitten zu kommen, um das Majorat anzutreten, fluchte er ihm, wenn er nicht jene Verbindung zerreißen werde. Diesen Brief verbrannte Wolfgang bei der Leiche des Vaters.

An Hubert schrieb der Alte, daß Wolfgang Julien geheiratet habe, er werde aber diese Verbindung zerreißen. Hubert hielt dies für die Einbildung des träumerischen

Vaters, erschrak aber nicht wenig, als Wolfgang in R..sitten selbst mit vieler Freimütigkeit die Ahnung des Alten nicht allein bestätigte, sondern auch hinzufügte, daß Julie ihm einen Sohn geboren und daß er nun in kurzer Zeit Julien, die ihn bis jetzt für den Kaufmann Born aus M. gehalten, mit der Nachricht seines Standes und seines reichen Besitztums hoch erfreuen werde. Selbst wolle er hin nach Genf, um das geliebte Weib zu holen. Noch ehe er diesen Entschluß ausführen konnte, ereilte ihn der Tod.

Hubert verschwieg sorglich, was ihm von dem Dasein eines in der Ehe mit Julien erzeugten Sohnes bekannt, und riß so das Majorat an sich, das diesem gebührte. Doch nur wenige Jahre waren vergangen, als ihn tiefe Reue ergriff. Das Schicksal mahnte ihn an seine Schuld auf fürchterliche Weise durch den Haß, der zwischen seinen beiden Söhnen mehr und mehr emporkeimte. „Du bist ein armer dürftiger Schlucker", sagte der älteste, ein zwölfjähriger Knabe, zu dem jüngsten, „aber ich werde, wenn der Vater stirbt, Majoratsherr von R..sitten, und da mußt du demütig sein und mir die Hand küssen, wenn ich dir Geld geben soll zum neuen Rock." – Der jüngste, in volle Wut geraten über des Bruders höhnenden Stolz, warf das Messer, das er gerade in der Hand hatte, nach ihm hin und traf ihn beinahe zum Tode. Hubert, großes Unglück fürchtend, schickte den jüngsten fort nach Petersburg, wo er später als Offizier unter Suwarow wider die Franzosen focht und blieb. Vor der Welt das Geheimnis seines unredlichen betrügerischen Besitzes kundzutun, davon hielt ihn die Scham, die Schande, die über ihn gekommen, zurück, aber entziehen wollte er dem rechtmäßigen Besitzer keinen Groschen mehr. Er zog Erkundigungen ein in Genf und erfuhr, daß die Frau Born, trostlos über das unbegreifliche Verschwinden ihres Mannes, gestorben, daß aber der junge Roderich Born von einem wackern Mann, der ihn aufgenommen, erzogen werde. Da kündigte sich Hubert unter fremdem Namen als Verwandter des auf der See umgekommenen Kaufmann Born an und schickte Summen ein, die hinreichten, den jungen Majoratsherrn sorglich und anständig zu erziehn. Wie er die Überschüsse der Einkünfte des Majorats sorgfältig sammelte, wie er dann testamentarisch verfügte, ist bekannt. Über den Tod seines Bruders sprach Hubert in sonderbaren rätselhaften Ausdrücken, die soviel erraten ließen, daß es damit eine geheimnisvolle Bewandtnis haben mußte und daß Hubert wenigstens mittelbar teilnahm an einer gräßlichen Tat.

Der Inhalt der schwarzen Mappe klärte alles auf. Der verräterischen Korrespondenz Huberts mit Daniel lag ein Blatt bei, das Daniel beschrieben und unterschrieben hatte. V. las ein Geständnis, vor dem sein Innerstes erbebte. Auf Daniels Veranlassung war Hubert nach R..sitten gekommen, Daniel war es, der ihm von den gefundenen einhundertfünfzigtausend Reichstalern geschrieben. Man weiß, wie Hubert von dem Bruder aufgenommen wurde, wie er, getäuscht in allen seinen Wünschen und Hoffnungen, fort wollte, wie ihn V. zurückhielt. In Daniels Innerm kochte blutige Rache, die er zu nehmen hatte an dem jungen Menschen, der ihn ausstoßen wollen wie einen räudigen Hund. *Der* schürte und schürte an dem Brande, von dem der verzweifelnde Hubert verzehrt wurde. Im Föhrenwalde auf der Wolfsjagd, im Sturm und Schneegestöber wurden sie einig über Wolfgangs Verderben. „Wegschaffen" – murmelte Hubert, indem er seitwärts wegblickte und die Büchse anlegte. „Ja, wegschaffen", grinste Daniel, „aber nicht *so*, nicht *so*." Nun vermaß er sich hoch und teuer, er werde den Freiherrn ermorden, und kein Hahn solle danach krähen. Hubert, als er endlich Geld erhalten, tat der Anschlag leid, er wollte fort, um jeder weitern Versuchung zu widerstehen. Daniel selbst sattelte in der Nacht das Pferd und führte es aus dem Stalle, als aber der Baron sich aufschwingen wollte, sprach Daniel mit schneidender Stimme: „Ich dächte, Freiherr Hubert, du bliebst auf dem Majorat, das dir in diesem Augenblick zugefallen, denn der stolze Majoratsherr liegt zerschmettert in der Gruft des Turms!" – Daniel hatte beobachtet, daß, von Golddurst geplagt, Wolfgang oft in der Nacht aufstand, vor die Tür trat, die sonst zum Turme führte, und mit sehnsüchtigen Blicken hinabschaute in die Tiefe, die nach Daniels Versicherung noch bedeutende Schätze bergen sollte. Darauf gefaßt, stand in jener verhängnisvollen Nacht Daniel vor der Türe des Saals. Sowie er den Freiherrn die zum Turm führende Tür öffnen hörte, trat er hinein und dem Freiherrn nach, der dicht an dem Abgrunde stand. Der Freiherr drehte sich um und rief, als er den verruchten Diener, dem der Mord schon aus den Augen blitzte, gewahrte, entsetzt: „Daniel, Daniel, was machst du hier zu dieser Stunde!" Aber da kreischte Daniel wild auf: „Hinab mit dir, du räudiger Hund", und schleuderte mit einem kräftigen Fußstoß den Unglücklichen hinunter in die Tiefe! – Ganz erschüttert von der gräßlichen Untat, fand der Freiherr keine Ruhe auf dem Schlosse, wo sein Vater ermordet. Er ging auf seine Güter nach Kurland und kam nur jedes Jahr zur Herbstzeit nach R..sitten. Franz, der alte Franz, behauptete, daß Daniel, dessen Verbrechen er ahnde, noch oft zur Zeit des Vollmonds spuke, und beschrieb den Spuk gerade so, wie ihn V. später erfuhr und bannte. – Die Entdeckung dieser Umstände, welche das Andenken des Vaters schändeten, trieben auch den jungen Freiherrn Hubert fort in die Welt.

So hatte der Großonkel alles erzählt, nun nahm er meine Hand und sprach, indem ihm volle Tränen in die Augen traten, mit sehr weicher Stimme: „Vetter – Vetter – auch *sie*, die holde Frau, hat das böse Verhängnis, die unheimliche Macht, die dort auf dem Stammschlosse hauset, ereilt! Zwei Tage nachdem wir R..sitten verlassen, veranstaltete der Freiherr zum Beschluß eine Schlittenfahrt. Er selbst fährt seine Gemahlin, doch als es talabwärts geht, reißen die Pferde, plötzlich auf unbegreifliche Weise scheu geworden, aus in vollem wütenden Schnauben und Toben. ‚Der Alte – der Alte ist hinter uns her‘, schreit die Baronin auf mit schneidender Stimme! In dem Augenblick wird sie durch den Stoß, der den Schatten umwirft, weit fortgeschleudert. – Man findet sie leblos – sie ist hin! – Der Freiherr kann sich nimmer trösten, seine Ruhe ist die eines Sterbenden! Nimmer kommen wir wieder nach R..sitten, Vetter!"

Der alte Großonkel schwieg, ich schied von ihm mit zerrissenem Herzen, und nur die alles beschwichtigende Zeit konnte den tiefen Schmerz lindern, in dem ich vergehen zu müssen glaubte.

Jahre waren vergangen. V. ruhte längst im Grabe, ich hatte mein Vaterland verlassen. Da trieb mich der Sturm des Krieges, der verwüstend über ganz Deutschland hinbrauste, in den Norden hinein, fort nach Petersburg. Auf der Rückreise, nicht mehr weit von K., fuhr ich in einer finstern Sommernacht dem Gestade der Ostsee entlang, als ich vor mir am Himmel einen großen funkelnden Stern erblickte. Näher gekommen, gewahrte ich wohl an der roten flackernden Flamme, daß das, was ich für einen Stern gehalten, ein starkes Feuer sein müsse, ohne zu begreifen, wie es so hoch in den Lüften schweben könne. „Schwager! was ist das für ein Feuer dort vor uns?" frug ich den Postillon. „Ei",

erwiderte dieser, „ei, das ist kein Feuer, das ist der Leuchtturm von R..sitten." R..sitten! –
sowie der Postillon den Namen nannte, sprang in hellem Leben das Bild jener
verhängnisvollen Herbsttage hervor, die ich dort verlebte. Ich sah den Baron –
Seraphinen, aber auch die alten wunderlichen Tanten, mich selbst mit blankem
Milchgesicht, schön frisiert und gepudert, in zartes Himmelblau gekleidet – ja, mich, den
Verliebten, der wie ein Ofen seufzt, mit Jammerlied auf seiner Liebsten Braue! – In der
tiefen Wehmut, die mich durchbebte, flackerten wie bunte Lichterchen V-s derbe Späße
auf, die mir nun ergötzlicher waren als damals. So von Schmerz und wunderbarer Lust
bewegt, stieg ich am frühen Morgen in R..sitten aus dem Wagen, der vor der
Postexpedition hielt. Ich erkannte das Haus des Ökonomieinspektors, ich frug nach ihm.
„Mit Verlaub", sprach der Postschreiber, indem er die Pfeife aus dem Munde nahm und
an der Nachtmütze rückte, „mit Verlaub, hier ist kein Ökonomieinspektor, es ist ein
königliches Amt, und der Herr Amtsrat belieben noch zu schlafen." Auf weiteres Fragen
erfuhr ich, daß schon vor sechzehn Jahren der Freiherr Roderich von R., der letzte
Majoratsbesitzer, ohne Deszendenten gestorben und das Majorat, der Stiftungsurkunde
gemäß, dem Staate anheimgefallen sei. – Ich ging hinauf nach dem Schlosse, es lag in
Ruinen zusammengestürzt. Man hatte einen großen Teil der Steine zu dem Leuchtturm
benutzt, so versicherte ein alter Bauer, der aus dem Föhrenwalde kam und mit dem ich
mich ins Gespräch einließ. *Der* wußte auch von dem Spuk zu erzählen, wie er auf dem
Schlosse gehaust haben sollte, und versicherte, daß noch jetzt sich oft, zumal beim
Vollmonde, grauenvolle Klagelaute in dem Gestein hören ließen.

Armer, alter, kurzsichtiger Roderich! welche böse Macht beschworst du herauf, die
den Stamm, den du mit fester Wurzel für die Ewigkeit zu pflanzen gedachtest, im ersten
Aufkeimen zum Tode vergiftete.